Pants®
Welllong

威尔浪店面形象

WELL LONG
威尔浪 1996
WELL LONG
威尔浪 1996

WELL LONG
威尔浪 1996
WELL LONG
WELL LONG

WELL LONG
WELL LONG

WELL LONG

威尔浪店铺团队风采

威尔浪专业专注裤装20年
舒适有型 彰显身份
Come form hongkong
威尔浪专业专注裤装20年
舒适有型 彰显身份

刘俭文　杨敬／编著

这样开店赚翻天

威尔浪教你开启服装财富之门

中国财富出版社

图书在版编目（CIP）数据

这样开店赚翻天：威尔浪教你开启服装财富之门 / 刘俭文，杨敬编著．—北京：中国财富出版社，2015.5

（智读汇·企业书苑）

ISBN 978-7-5047-5527-8

Ⅰ．①这… Ⅱ．①刘… ②杨… Ⅲ．①服装－商店－商业经营 Ⅳ．①F717.5

中国版本图书馆 CIP 数据核字（2015）第 006388 号

策划编辑 丰　虹　　**责任印制** 方朋远

责任编辑 丰　虹　吴艳红　　**责任校对** 梁　凡

出版发行 中国财富出版社

社　　址 北京市丰台区南四环西路 188 号 5 区 20 楼　**邮政编码** 100070

电　　话 010－52227568（发行部）　010－52227588 转 307（总编室）

010－68589540（读者服务部）　010－52227588 转 305（质检部）

网　　址 http: //www.cfpress.com.cn

经　　销 新华书店

印　　刷 北京旭丰源印刷技术有限公司

书　　号 ISBN 978-7-5047-5527-8 /F · 2298

开　　本 700mm×1000mm 1/16　**版　　次** 2015 年 5 月第 1 版

印　　张 12　**印　　次** 2015 年 5 月第 1 次印刷

字　　数 178 千字　**定　　价** 38.00 元

前　言

经济全球化的今天，国际服装行业的竞争日益加剧，这对于正在蓬勃发展的中国服装市场而言，既是机遇又是挑战。作为传承华夏五千年文明的泱泱大国，中国的市场经济对于世界经济格局同样起着重要作用。威尔浪对当前的国内服装市场发展趋势这样预言：中国人开始走上“向下看”的道路，裤装即将成为中国服装市场的又一次发展转折点，在不久的将来，中国服装市场中裤装的地位、比重将获得空前的提升。

2014 年春天，中国裤装名牌企业百斯盾将自己的广告宣言由“追逐生活，你错过了多少美好！慢下来，享受生活”改为“左右时尚，左右世界”，代表着这家土生土长的中国裤装名企已经跨越地缘，顺利闯入国际市场，并在国际市场中站稳一席之地。

2014 年 9 月，“九牧王杯”中国裤装设计（精英）大赛顺利落下帷幕，大批中国裤装设计精英人物在这次比赛中被发掘。作为中国服装潮流的引领企业，九牧王的这次活动印证了中国服装行业即将走上“向下看”道路的预言。

2014 年 10 月，威尔浪国际服饰有限公司将未来发展的宏伟目标定为“打造中国裤装第一品牌”，威尔浪的决策标志着我们有决心为中国服装市场开创一个崭新的未来。

裤子是每个人的穿戴必需品。相比上装，在大多数人看来，裤子总扮演着“配角”，但威尔浪人认为，裤装如同一棵大树的树干，上衣如同枝叶和花，无论树叶和花怎样变化，挺拔的树干都是支撑枝繁叶茂和繁花似锦的根本。没有挺拔粗壮的树干，枝叶和花无论如何鲜艳，也难觅俊美，裤型的美成为身体曲线美最直接的表现。

威尔浪（香港）国际服饰有限公司，成立于20世纪50年代，创建地点在中国香港湾仔告士打道138号联合鹿岛大厦，专为商务男女定制欧版经典西裤和时尚、休闲裤装，因其面料考究、塑身合体、做工精细、笃实诚信而深受港澳人士的喜爱。

20世纪90年代，从事裤装设计12年的刘雨恩先生带着香港即将回归祖国的激情，将香港威尔浪品牌带回北京，成立了北京威尔浪服装有限责任公司，并经授权在内地注册使用“威尔浪”商标，传承“时尚、休闲、经典、舒适”的威尔浪品牌理念。

1996年，威尔浪在服装界首度做出 “终身免费洗涤熨烫”“终身免费扦边补缀”的“双免”服务承诺，让消费者体验“家庭般的呵护”。其随心穿、随意穿、无忧穿、无虑穿的售后服务，迅速赢得大江南北消费者的信任和青睐。

2002年，威尔浪在北京经济技术开发区景园北街2号筹资建设了10层的威尔浪裤装大厦，专业从事裤装版型的研发设计和全国市场的招商运营管理。

2003年，威尔浪在位于呼和浩特市的内蒙古鸿盛高科技开发园区投资兴建了占地110亩的华北地区最大的现代化服装生产基地——“威尔浪工业生态园”。针对南北方人体形差异，威尔浪率先引进欧美立体裁剪技术，研制出适合中国市场的“男裤经典商务、时尚修身、女裤西裤、短裤靴裤”等立体剪裁版型，更贴合不同地域消费者的合体塑身心愿，突出“不同版型、不同风格，同样塑身、同样舒适” 的产品特点，先后入驻北京崇光百货、百盛、华联，天津远东百货、吉利米莱欧、国际商场以及兰州国芳百货等国内知名百货商场。

威尔浪自创立以来，曾先后获得过“消费者信得过品牌”“中国知名品牌”“2013年度CCTV中国影响力服装行业十大影响力品牌”“2013年度CCTV中国影响力优秀企业”等荣誉，至今仍坚持恪守创业之初的企业理念:为顾客设计制造时尚塑身、耐磨不变形、舒适合体的裤装，为顾客提供亲人般的服务，让顾客感受时尚、体会舒心、享受品质。全神贯注在裤装系列产品的版型创新和面料精选、精工细作上，全心全意满足消费者的时尚需求。

多年的发展经验令威尔浪积累了丰厚的底蕴。威尔浪对当前中国服装市场进行深度研究后发现，目前中国裤装市场的发展存在着诸多短板。基于这种现状，威尔浪决定将精练总结的发展经验分享给大家，希望大家可以从中获得感悟，有所收获与改善，这正是本书写作的初衷。

本书融合了国内市场裤装营销的经典策略、思维与方式方法，通过对国内市场存在的不良现状进行缜密分析，揭示当前中国裤装市场发展的不足之处，通过典型的案例分析，我们将一语中的地为所有读者展示出裤装企业发展的关键。

本书不仅可以作为大多数创业者、经营者的案头教材，还可以成为当前国内裤装时尚领域的参考用书。书中通过系统的讲解，向读者诠释出店铺选址、店长打造、卖手培养、陈列技巧、专属服务、营销策划、威尔浪发展之路、店铺工具八大方面的思想精髓。

我们用最直白的语言、最真实的案例向每一位读者呈现最实用、最贴切的发展观点。全书在广泛吸收国内营销经典研究成果之上，结合威尔浪对裤装市场的深度考察，以理论为引导，以实操为原则，为裤装行业的每一位伙伴提供了一条创业、成长、发展的捷径，同时也探索出了中国服装市场的崭新未来。

全书通俗易懂，适用于服装市场的任何群体，因为本书旨在为每一位读者带来完善自己的机遇，为裤装市场的每一家企业、店铺铸造成功的阶梯。

最后愿本书成为每一位读者手中的实操读本，愿本书为每一位读者的进步增添一份力量。

刘俭文

2014 年 12 月

目　录 | Contents

参考文献

附录 裤装店经营管理工具包——业绩倍增的实用技巧

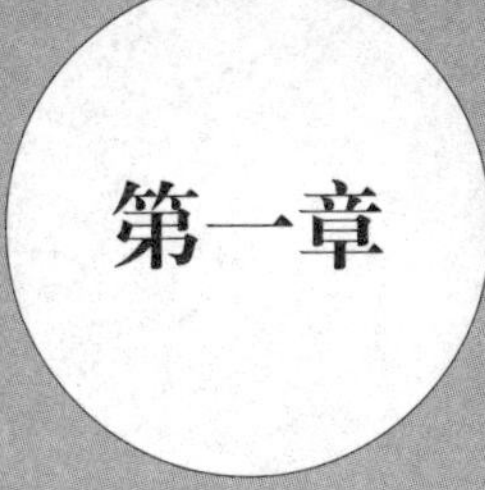

第一章

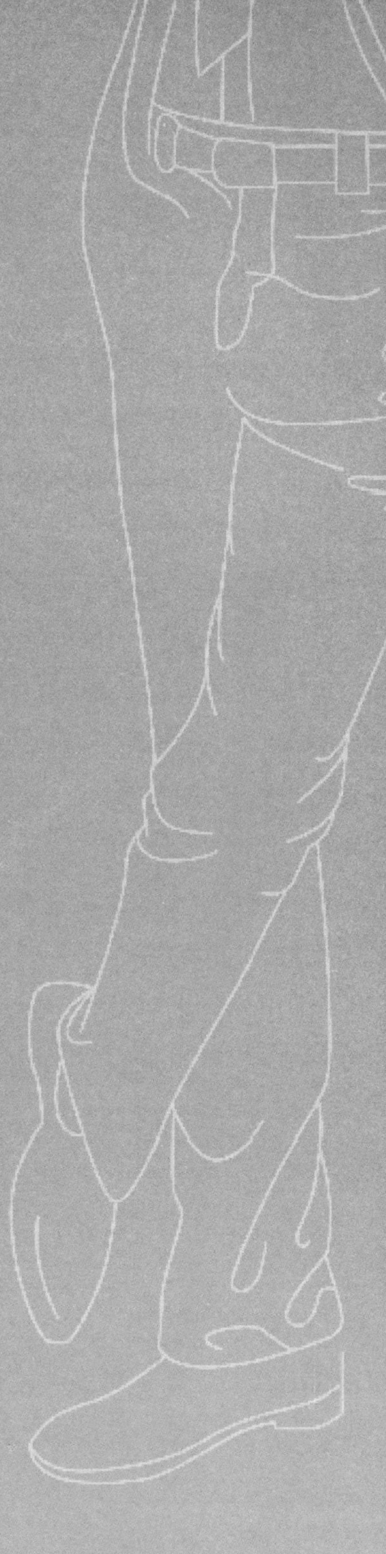

裤装店选址技巧

——成功开店的第一步

最理想：繁华的市中心

随着时代的进步，中国经济不断腾飞，中国国内的裤装市场逐渐变为中国服装经济的主体力量。尤其在2014年到来之后，国内裤装市场开始加速扩张，市场中各层群体消费的潜力也在逐渐被深度挖掘。威尔浪对现代人裤装消费理念的调查显示，中国消费者“向下看”的趋势正在明朗化，裤装即将成为服装市场中又一波销售热潮。

当今消费者对流行趋势的感性化追逐让裤装市场发展不断提速，消费者面前逐渐浮现出一个个性化、多元化、时代化的国内裤装市场。在这种形势之下，拥有一家自己的裤装店、成就一份自己的事业无疑是很多创业者的梦想。虽然中国国内的裤装市场发展平稳、迅速，但是开设裤装店对很多创业者而言依然是难题。现在，专注裤装20年的威尔浪就将自己多年的发展经验分享给大家，让我们从创业的第一步——开店选址开始，一起成就宏伟的人生梦想。

开设一家自己的裤装店铺，对很多人而言都是一件浪漫的事，然而它远没有想象中那么简单。因为开店毕竟是一种商业活动，当前市场中商业危机元素众多，稍有不慎我们就会重伤倒地。

尤其是对于一些缺乏足够商业经验和开店技巧的人而言，开店过程中遇到的各种问题往往令我们不知所措，其实开店过程中以及开店后遇到的各种问题，往往是由于我们开店选址存在不足导致的，所以在此我们将一些开店选址技巧与大家分享，希望大家从中有所收获。

情境案例

2014 年 9 月，威尔浪在 Z 市的一家新店进入开店选址筹划过程中。在这座繁华的大都市中，裤装市场的商业竞争十分激烈，稍有不慎便会遭受重大损失。

于是，我们从开店的第一步选址开始，便进入了紧张的筹划、调查、交流思考状态，希望我们的付出可以获得更好的回报。

由于 Z 市属于中国一线城市，各行各业店铺众多，租金昂贵。威尔浪虽然在这里已经有了自己的根据地，但是为了日后的发展，我们决定将店铺数量进行扩张。最初，我们准备采用小投入稳妥式发展模式，在一些距离市中心有一定距离的商场、步行街上开设店铺。我们调查发现这些地点虽然租金相对较低，但是存在种种不利因素，让我们对新店的选址踌躇不定。

我们的疑虑在于，虽然这些地点的客流量众多，但客户稳定性较差，且区域内发展速度一般。由于这些店铺、商场距离市中心并不遥远，所以很多顾客的主要目标还是在市中心繁华地带的商铺当中，而这些商业地点虽然很多人都会驻足挑选，但是在客户黏性、稳定性上存在极大的劣势。

在这种情况下，我们又开始思考，是否可以把新店开在郊区偏远位置，满足距离市中心较远的一些群体。不过随后我们又考虑到，一般而言，郊区位置的消费者普遍消费能力有限，这会直接影响我们的销售业绩与利润，所以开店选址确定在郊区被一票否决。

面对这样的情况，我们唯一的选择只剩下繁华的市中心。然而对于 Z 市这座城市而言，市中心的店铺租赁属于难度极高的工作。首先，无论租金多少，Z 市市中心店铺稀缺程度就足以让我们感觉到苦恼；其次，市中心店铺租金往往是郊区店铺租金的 5～10 倍，这将大大增加我们的预算；最后，市中心具有激烈的市场竞争，这也会加大我们的经营风险。

面对这样的情况，我们对三种店址方案进行深度的对比总结分析，并从中总结出新店的选址方案，力求将威尔浪品牌在 Z 市一炮打响。

通过调查分析总结，我们发现郊区、市中心以外这两种地点存在劣势是必然的，且很难改变，而市中心存在的各种不利因素却是可以解决，而且可以排除的。

首先，市中心店铺稀缺并不代表彻底不存在，而且市中心市场竞争压力较大，店铺更替的程度也十分频繁，只要我们找对时机就一定可以找到合适的店铺；其次，商业经营中不变的原则是有投入才会有收入，市中心店铺租金的确惊人，但是这代表这一地带的消费者的消费能力也同样惊人，我们可以通过提升销售量迅速收回最初的投入；最后，市场竞争压力较大，这一因素对于威尔浪而言的确是一种挑战，但是威尔浪坚信只要发挥自己的特色，展现自己的创意，我们的发展就一定是无可限量的，而且一定是惊人的。

综合以上分析，我们最终决定直接入驻市中心，将威尔浪品牌从这里引爆。

如今威尔浪的这家Z市市中心店已经成为旗舰店之一，我们的品牌也由此传播开来，由此带来的利润极为丰厚。威尔浪从这次经历中总结出开店选址首项原则：最理想的店址是繁华的市中心。

威尔浪市中心开店选址方案

我们之所以将市中心作为开店选址的最理想地点，是因为前面的案例并不是个例，而是威尔浪坚持不变的开店选址原则。

在多年的发展经验中，我们得出市中心作为一座城市最繁华的地段，其中蕴藏着丰富的商机，只要我们可以将这些商机把握到位，那么繁华的市中心就会带给企业、店铺惊人的发展。

首先，市中心是一个最容易积累良好口碑的地方。在现实生活中，市中心属于一座城市的心脏，所以在这一区域内商业活动会更正规、更活跃。这一区域内会聚集一座城市中大多数的高品质店铺，这种环境营造的氛围、产生的效果则是良好的商业口碑。相信没有哪一座城市会将市中心设立为批发市场，或者山寨品牌店铺聚集地。

其次，从长远角度思考，市中心的繁华程度只会加剧不会减弱，城市建设之初市中心就是重中之重，所以这一区域的发展必然是极为迅速的，而且市中心同样是一座城市的旅游胜地，以广州为例，白云山、帽峰山等景点全部位于市中心白云区，这些景点带来的客流量以及销售额是其他区域不具备的。

再次，市中心消费者消费水平普遍比其他区域高出多个层次。由于市中心属于一座城市的繁华地区，所以消费水平也相对较高，这是所有人认知也认可的常识。这就代表，虽然我们的店铺租金相对较高，但是利润同样会升高，综合而言我们承担的风险便降低了。

最后，市中心属于城市交通最发达的区域，这可以帮助我们的店铺连接远距离的消费者。相信我们都有过类似的行为，在节假日到市中心进行购物消费，由于交通发达所以我们并没有感觉到在市中心购物的麻烦。

这种情况代表市中心所有店铺的销售范围将远远大于其他区域，甚至可以吞并其他区域的消费群体。

开店是大多数人创业的不二选择，而开一家裤装店更是我们现代创业者的最佳机遇。当我们面对强大的竞争压力，面对不知所措的开店问题时，威尔浪在这里化身为大家的坚实后盾，我们用自己的经验为每一位创业者开辟道路，我们用自己的行动为每一个人增添成功的筹码。威尔浪相信，在我们的带领下，中国裤装市场一定会腾飞，中国服装市场一定会再次焕发活力。

巧选址：高档社区周边

随着国内裤装市场发展的不断提速，如今想通过开设自己的裤装店获取成功的人越来越多。虽然市场发展前景良好，但是开一家专业的裤装店依然是一个具有一定风险的项目，开店并非像“春天播种，秋天结果”那么简单，其中开店选址就成了创业成功与否的关键一步。可以说店址选择的好与坏，直接决定着店铺的未来发展。以威尔浪的发展历程为例，每一家专卖店的选址工作都是我们经过深入调查、缜密分析后决定的。

店址即店况。如果我们不能选择正确的地点，我们的销售情况也必然无法达到理想的状态。威尔浪多年的发展经验告诉我们，店址选择就是一种命运选择，只有有思路、有套路地选址，才能够获得最后的成功。

情境案例

2014年春天，威尔浪在北京的一家专卖店由于店铺面临拆迁，不得不进行店址的更换。当时这家店铺的店长李姐为此十分焦急，因为店铺已经经营了10年左右，固定客源也已形成了一定规模，更换店址则代表原有的客户群体要受到巨大影响，而且北京的所有店铺寸土寸金，选址一旦出现偏差，必然会为公司带来巨大损失。

李姐面对这样的状况十分苦恼，但是店址更换已经势在必行，与其在店里发愁，不如花费更多精力选择新店址。

于是，李姐开始了自己的店铺选址旅程。李姐考虑到，为了减少对原有固定客户的不良影响，新店选址不能离旧店过远，于是她先找到了附近的大型商场，通过一段时间的考察，她发现商场中虽然客流量较大，但是对店铺的限制也比较大。

威尔浪是一家拥有独特发展理念和创意发展思维的企业，我们的店铺设计、陈列以及营销活动，各个方面都体现着我们的特色。然而，如果我们将新店选择在商场之中，受商场店铺格局以及商场经营规则的限制，威尔浪的很多优势便无法发挥。

而且，李姐发现，附近商场的裤装店并不在少数，即便我们拥有雄厚的基础实力，作为外来者也必将遭受巨大的竞争压力。所以新店选址在商场中并不是上上策。

随后，李姐又来到了附近的步行街。看着人群拥挤的步行街，李姐思考将新店搬迁到这里应该可以发挥威尔浪的优势了。于是，李姐走进了这条步行街。随着李姐的深入考察，她发现其实这条街并不适合威尔浪的入驻。

因为李姐考察发现，步行街里各种店铺的层次普遍偏低，虽然偶尔也能看到几家有格调的服装店，但是店铺经营并不景气。这就代表这条街的消费主体人群属于北京市的中下阶层，如果威尔浪新店选址在这里，那么顾客的定位便会出现偏差，老店铺必须进行大幅度的革新，才能够适应这里的环境，这种做法相对而言得不偿失。

放弃了这两个常规选择之后，李姐将最后的希望寄托在附近的一个高档社区旁边。李姐来到这里后，发现这座社区旁边所有店铺都属于中高层次，而且附近环境优雅，客流量也十分喜人，更重要的是这个社区的主体消费人群实力雄厚。附近每一间店铺看似生意平常，但李姐深入考察后发现，这些店铺的利润绝对丰厚。

可是又一个难题摆在了李姐面前，高档社区代表着高额的店铺租金，这里店铺的租金足足是老店的两倍多。于是，李姐开始犹豫，新店到这里能够保持赢利吗？店铺的转移会不会存在太大的经济压力？

带着这些思考，李姐回到了老店，随即打开了店铺的顾客信息登记表，决定对高档社区附近的消费群体进行一次深入分析，并结合当前店铺的销售情况进行一次全面思考。

老店的客户信息登记表显示，附近高档社区的顾客占据了老店顾客总数的20%左右，但是这些顾客所选择的商品都是店铺的高档裤装，他们为店铺带来的利润接近总利润的40%。

这就代表，如果新店在高档社区附近开张，客流量只要增加一倍，那么老店原利润的80%就能得到保障，而且店铺租金的提升可以体现在商品价格上。只要我们能为这些高档人群提供更多便利，相信这些顾客依然会与威尔浪保持紧密的关系。

李姐做出这个决定后，第一时间内做出了详细的新店开张选址计划书，并上交上级领导。领导看后对李姐做的数据分析、新店选址十分满意。威尔浪的这家新店在高档社区旁边顺利开业，销售业绩获得了显著提升，利润更是成倍增长。为此，威尔浪将李姐的事迹作为经典选址案例，供内部各店长学习分享。

威尔浪开店选址方案

开店选址必然要讲究一定技巧，这对于每一家企业、店铺而言都至关重要。在威尔浪多年的发展经历中，我们也曾有选择上的错误，但是这些错误让我们认识到了更多经营、发展方法。威尔浪希望裤装行业的所有企业、店铺都可以吸取这些教训，并分享威尔浪的开店选址经验，从而加速自己的发展，成就自己的事业。

威尔浪开店选址技巧

1. 思考顾客群体的变化

任何店址的选择，我们都需要首先思考顾客群体的变化，即客流量、顾客消费能力、顾客所处的社会层次，这些不仅仅影响到我们的销售业绩，更影响到我们的最终利润。

2. 顾客人口密度

对于店铺而言，人口密度即销售密度，店铺附近的人口基础决定着我们的未来发展。因为店铺的主要黏性顾客并不是路过我们门前的顾客，而是生活在我们附近的顾客，这些顾客才是我们长期的利润来源。

3. 顾客性别比例

以威尔浪为例，我们每一家店铺的开设都会调查附近人口的性别比例，然后根据性别比例进行店铺产品的设计。如果一家裤装店未能调查好这一关键因素，极有可能出现商品定位不准、销售缓慢的情况。

4. 顾客婚姻状况

威尔浪的顾客信息登记表中就明确标注着顾客的婚姻状况。因为顾客的婚姻状况关系到顾客的消费能力。很多看似经济能力雄厚的顾客由于需要负担家庭，消费能力会受到很大影响。所以对于一家新店而言，对新店址附近人群进行婚姻状况调查可以增添我们成功的砝码。

5. 新店选址要有远见

并不是所有的黄金地带都是开店的最佳地点。以我们前面看到的案例为例，这家店铺开设初期，威尔浪就未曾调查这一地区的未来发展趋势，最终导致10年后需要更换店址。

通过这种变故，我们需要明白，任何店铺的地址选择都需要有远见性，至少预测未来10年内店铺附近的发展情况。只有在发展稳定的情况下我们才能够进行选择，如果存在不稳定因素，我们一定要谨慎。

6. 思考店铺租金性价比

所谓店铺租金性价比是指结合店铺格局、店铺客流量、顾客消费能力，以及店铺其他费用（物业、水电等）之后店铺的价值。

即便在相同的区域内，每一家店铺的租金性价比都是不同的。例如，有些店铺门面很小，但是内部空间很大，这种情况下性价比就会下降，因为我们能够为顾客提供的直观商品有限，我们对顾客的吸引能力就会受到影响，这种格局的店铺性价比会较低。

以上六点是威尔浪多年来总结得出的店铺选址经验。我们需要明白，好的开始是成功的一半。新店开张更是如此，选择优秀、恰当的地址，我们日后的发展才能顺风顺水，事半功倍。

找客流：与同类品牌同行

开店创业对于每一个经营者而言，最惧怕什么？相信很多人会讲，惧怕竞争。因为我们处于发展初期阶段，缺乏各种经营经验与技巧，如果此刻出现竞争我们必然会损失惨重。这种开店创业的认知是正确的，但是在很多时候，有些人因为这种认知走进了误区，而且这些人并不在少数，最大的表现则是开店选址过程中远离了同类商品市场，而理由正是避免竞争。

其实，竞争并不只代表经营压力，竞争还代表着客源，代表着市场，如果我们放弃所谓的竞争，就同时放弃了大部分市场。

相信我们都可以明白，如果一家店铺单独出现在某一区域内，而这一区域内没有其他同行，那么这家店铺的发展必定是缓慢的，甚至是带有危机的。原因非常简单，因为单独的一家店铺商品缺乏同行的对比，各种特点都无法表现，所以在大多数消费者眼中，这家店铺是毫无特色可言的。

情境案例

威尔浪A市店铺开店时就曾经历过类似的抉择。当初威尔浪A市店刚刚提上议程，在开店选址过程中，我们就对A市的各个区域进行了详细的分析，最终我们确定了现在的市中心位置。

不过当初在A市市中心选址过程中，我们一共找到了三家店铺。第一家是位于市中心商场之内服装区域的店铺，第二家是位于一家商务会所附近的门店，第三家正是我们现在的裤装商场内的店铺。

这三家店铺当时在我们看来各有所长，也各有缺陷。位于市中心商场之内的店铺拥有大量的客流，而且顾客消费水平定位符合威尔浪的标准，但是这一商场中包含的行业较多，客户类型较多，这就代表我们无法断定这些顾客有多少可以直接成为我们的客户，从而增加了我们的营销难度。

第二家店铺位于A市市中心一家商务会所旁边，这家商务会所规模很大，每天出入的高层次顾客也不在少数，但是这家商务会所附近却没有服装销售店，而大多是咖啡厅与娱乐场所。威尔浪通过深入了解发现，这家店铺在短短半年内曾三度更换业主，从最初的服装店，到红蜻蜓皮鞋专卖店，再到手机专卖店。平均两个月的时间店铺就易主一次，这代表这家店铺的定位存在根本问题。但是这家店铺的优势在于租金相对较低，而且旁边紧邻商务会所，客户群体定位也符合威尔浪的要求，如果我们在这里发展，那么我们面对的竞争压力会很小。

第三家店铺是租金最高的一家，这家店铺十分抢手，当时在三家店铺的选择过程中这家店铺给了我们很大的压力。由于店铺抢手，所以我们不得不尽快做出决定。在这种情况下，我们对三家店铺进行了深度的调查，后来总结发现：

第一家店铺并不适合威尔浪的长远发展，因为这个商场客户群体缺乏准确定位，虽然位于市中心重要地带，但是这家商场更像是杂货市场一般，没有主体的发展方向。

第二家店铺也必须否决，我们通过调查、思考发现，这家店铺虽然紧邻商务会所，但是大多数商务人士认为这家店铺缺乏特色，不能满足自己的品位。这并不是因为这家店铺的商品选择存在问题，而是因为这家店铺与周围的咖啡店、休闲娱乐场所相比，显得格格不入，因此无论多么好的格调都无法发挥应有的作用。

通过我们的分析发现，最后一家店铺这里所谓的竞争是在大多数店铺共同赢利之上出现的顾客争夺，然而由于顾客资源庞大，所以这个裤装专卖商场的整体发展十分良好。

当时我们思考，如果威尔浪入驻这个裤装商场，作为新来者是否会受到其他同行的整体打压。后来通过对比我们与其他竞争对手的实力发现，只要我们发挥正常水平，威尔浪一定可以良好发展。

原因非常简单，通过我们的调查发现，这个裤装商场中大多数店铺都缺乏创意与特色，甚至有些店铺商品陈列存在问题，然而在这种情况下，这些店铺依然可以保持赢利状态，这代表市场客流量、顾客消费能力十分强大。

为此，威尔浪将新店选择确定在这座裤装商场当中。今日，威尔浪已经成了这家商场的领军人，威尔浪品牌也已经到了人尽皆知的地步。

以上我们了解到，新店的选址一定要分析客流量，同时以长远眼光看待问题。其中，长远眼光要更加全面。如果我们只看到了未来的竞争，而没有看到未来的市场趋势，那么我们则永远无法获得发展。客流量的分析不仅仅来源于人数，还在于这一数字中有多少是属于威尔浪的有效数字，有多少可以为我们带来利润。

在同类商品的商场中进行新店开设并不是愚蠢行为，只要我们对这一商场的销售现状分析透彻，就可以获得良好的发展，拥有更多的客源。

1. 新店选址需要我们对市场整体消费局势进行准确定位

如果通过我们的分析，结果显示当前同行商场整体消费局势为供大于求，或供求平衡，这种情况则代表我们不应急于在此开店，只有在供不应求的情况下，我们才能够做此选择。

2. 客流量取决于附近消费群体

通常情况下，店铺附近的消费群体主要分为三类：第一类是店铺自身吸引的顾客；第二类则是商场整体环境吸引的顾客；第三类为随即到来的顾客。

我们需要进行这样的分析，如果同行商场中第二类顾客可以占据整个商场客流量的50%及以上，则代表我们可以在此商场选址开店，而如果这一数值在50%以下，则代表我们需要三思而后行，因为我们入驻后前期所能开发的市场空间有限。

其实这一道理十分简单：如果某一商场的主要客流量来源于某一家特

色店铺，那么我们入驻后则无法拥有足够的客源，而如果商场中大多数顾客是在自助购物，那么我们便可以拉拢更多顾客。

所以，对于同行商场选址，我们需要对客流量进行深度的分析。

3. 面对同行竞争，我们要有自己的应对措施

无论是新店开张的营销活动，还是未来的发展规划，我们都需要有明确的思路与方案。因为这是确保我们进入同行商场后先声夺人的基础。

竞争在所难免，但是只要我们坚持自己的特色，吸引到足够的顾客，我们的销售情况就会趋于稳定，我们的发展才能够获得保障。

以上三点是威尔浪对新店选址找同行商场观点的解释。市场竞争对于我们而言并非只有危害，我们可以从这些竞争中发现自己的不足，并迅速加以弥补，以此来不断完善、学习，从新店练就为老店。

而开店创业者更应如此，如果我们一味躲避，则代表我们只是温室花朵，经不起风吹雨打。即便我们单独营业后销售业绩尚可，这也代表我们没有风险应对能力。作为专注裤业20年的威尔浪，我们非常清楚商业竞争的优点与不足，而威尔浪需要做的正是将这些经验与大家分享，弥补大家的不足之处。

开店选址除了繁华的市中心与高档社区两个因素外，我们还要学会找客源，即寻找同类商品市场，并对市场进行缜密分析。当我们得出正确结论后，就可以预测出未来的发展景象，并且在这一发展中获得快速的成长。

第二章

店长强则门店强

——威尔浪为你详解店长之道

店长之道一：做店长就是带王牌战队

俗话说："火车快不快，全靠车头带。"一名领导者、带头人对于一个团队所起到的作用是至关重要的。在很多情况下，领导者完全左右着团队的发展，如果领导者自身存在问题，会对团队成长带来极大的限制。这就是当代商场中领导人才备受宠爱、待遇丰厚的主要原因。

在裤装行业内，最体现领导职能与领导作用的角色便是专卖店的店长。虽然店长看似职位不高，但是同时身兼管理者与经营者两大角色，所起到的作用关乎到店铺乃至整个企业的发展。

在威尔浪内部，所有领导层骨干全部是由店长成长起来的，我们内部的每一位领导者也许不是卓越的商业领袖，但绝对是一名合格的店长，他们是威尔浪的中坚力量。因为我们相信，只有最了解市场、了解销售的店长才能够准确把握企业的发展脉搏，才能够最大程度地提升企业的市场竞争力。

然而目前国内裤装市场中普遍存在这样一种现状：店长经常换，店员不会干。我们经常看到一些裤装店店长两到三个月便更换一次的现象，虽然名义上这些店铺是为了寻找到更好的管理者，但事实上却是在不断减缓自己的发展速度。

任何一家店铺的店长都是需要一段时间磨合，才能够发挥最大作用的，尤其是一些从店铺以外聘用的店长，他们对店铺特色、员工性格的了解更需要一段时间的积累。有些企业、店铺在短短两三个月内就对店长做出了最终评判，这并不是明智之举，因为这种做法将很多优秀店长扼杀在磨合阶段。

情境案例

某品牌裤装专卖店内，一位刚刚被高薪聘用的店长经过两个月的管理工作后，正在向上级领导做工作总结。这位店长说："这两月的时间内，我发现了店铺内存在的很多问题，例如商品陈列缺乏特色，导购员营销技巧、服务品质有待提升，更重要的是我发现店铺定位与周围消费群体不符，所以我利用这两个月的时间，逐渐将店铺的这些不足之处完善了，并通过对员工的了解，总结出了适合他们的营销培训方法。我随后的工作目标是在最短时间内，让店铺焕然一新，让导购员快速成长。"

结果，这位新任店长刚刚汇报完自己的工作总结，就遭到了领导的批评。领导十分气愤地说："根据你的工作总结报告，我们这家店铺好像极为不堪，一文不值。你找出的这些店铺缺点真的存在吗？你的完善工作真的有效吗？这两个月虽然店铺的销售业绩稍有改善，但是效果并不明显。如果真的如你所说，对店铺进行了升级改造，那么直接的效果是什么？业绩何在？你这完全是纸上谈兵，毫无用处。我们决定对你进行下一步的观察，如果下个月销售业绩未能提升50%，你就自动离职吧。"

听完领导的话，这位新任店长没有等到下一个月，而是主动辞职离去。原因非常简单，因为这名店长知道，下个月店铺的销售业绩虽然必会有改善，但是不一定可以达到50%的程度，这需要一定时间的积累。何况上级领导对自己的评价存在偏差，这样的领导根本无法领导企业发展壮大，所以与其在这里浪费时间，不如寻找新的出路。

威尔浪经验分享

就上面案例进行评论，店长与领导两者都存在一定的错误。首先作为一名新任店长，首要工作原则就是打造黄金销售战队，即对导购员进行提升，改善店铺销售业绩，随后才应该是店铺的整体改造。

如果我们未能将这一工作作为首要任务，那么我们的表现很容易令领导产生误解，随后便容易发生案例中的情况。

而作为一名店铺店长的直接领导，对店长进行的考核应该更具远见与深度，虽然销售业绩是评判店长的主要依据，但是我们也要看到销售业绩以外的东西，即这位店长为店铺带来的改变，店铺在未来的发展中是否会出现转折。

只有双方都具备了正确的发展观念，店长才能够发挥作用，店铺、企业才能够获得发展。

威尔浪打造王牌店长方案：一家合格的裤装店必然有一名王牌店长，并且在王牌店长之下还有一支黄金战队，这是成功店铺的标志，也是我们成长发展的基础。

那么如何才能够拥有这两种关键因素呢？非常简单，只需要我们培养或者寻找到具有打造黄金战队的店长即可。

具有打造黄金销售战队能力的店长所应具备的要素：

1. 具有强大的员工激发能力

在店长的领导下，店铺所有员工都会展现出强烈的工作意愿，勇于提升，乐于发展。这并不是单纯依靠店铺激励制度产生的效果，而是店长通过人员激励、经验传授、技巧指导之后产生的良性效应。

2. 具有以身作则、榜样的风范

成功的店长首先是一名合格的导购员，我们对导购员进行大量的书面营销指导，不如以身作则，用事实说话，将各种营销方法、营销思维展现在现实工作当中。如此一来，不仅店铺销售业绩会上升，而且导购员对店长各种营销技巧的传授理解更到位。

3. 成功的店长必然具备自己的管理风格

即根据自己的销售经验，以及对导购员的了解，制订一套符合当前店铺发展的导购员提升系统。

目前很多店铺中恰恰缺乏这种系统，店长则是看到什么讲什么，只有在导购员出现错误状况时店长才会进行批评指导，这种黄金战队打造方式过于被动，且效果不佳。只有形成体系的流程，才能够让导购员快速获得提升。

4. 成功的店长具有强大的感染力

一个拥有打造黄金战队能力的店长一定要培养自身的感染力，即如何有效地影响他人，改变他人。

店长的感染力比指导、督促更有效果。在店长的感染力之下，导购员会自主模仿店长的行为，并用高标准要求自己，这是店长打造黄金战队的良好氛围，也是店铺竞争实力增强的重要表现。

5. 成功的店长会将各种管理理念、培养方法转化为有效的实际行动

这并不是单纯要求店长以身作则，而是要店长关注店铺整体的表现。例如，店长提出一种营销方案，他可以将工作的每一个细节，每位导购员的责任划分得清清楚楚，从而使店铺经营管理过程中的一切工作都井井有条，店铺发展呈现积极向上的状态。

6. 成功的店长可以让员工感受到工作的乐趣

其实，快乐地工作才是最佳的工作状态。所有人都渴望自己的工作轻松愉快，但是大多数人会感觉到自己的工作疲惫不堪。改善这种工作状态的关键，正是直接领导的管理措施。如何让导购员在工作中增添乐趣是每一个店长应该思考的问题。

对于店长而言，增强导购员工作乐趣的方法主要有两种，第一点是增强导购员基础实力，减轻导购员工作压力。这是很多店长可以做到的一点，同样这也属于店长的分内工作。第二点至关重要，提升导购员的团队配合能力，增强团队的凝聚力。导购员在工作的相互配合之中不仅可以提升销售业绩，而且可以相互借鉴学习营销方法，更重要的是这种行为可以营造店铺内部团结愉悦的工作氛围。所以，将店铺导购员凝聚成为一支团队，对于店长而言是工作的重中之重。

成功的店长是店铺发展的灵魂，而作为店长我们首先需要打造一支黄金营销团队，这样才能成为金牌店长。以上六点正是店长领导团队、打造团队的优秀方法。掌握了这些技巧，我们才能够成为合格的店长，我们的店铺才能成为企业的旺铺。

店长之道二：做店长就是做业绩教练

在很多人印象当中，裤装行业的暴利吸引着所有创业者，但对于业内人士来讲，这一行业的主要利益来源绝非我们看到的如此简单，进入暴利行业就一定可以赚钱已经成为过去。当前市场竞争压力极大，顾客对商品的要求越发苛刻，单纯的裤装销售是无法在当今市场中生存的。只有让我们的店铺、企业销售业绩得到有效改善，我们才能得以长远发展。

那么，什么才是提升店铺销售业绩的关键所在呢？店长，即销售店铺的直接领导人。一家成功的店铺必然具备优秀的店长，而店长的主要表现不仅在团队管理与导购员提升上，专业的业绩教练同样是店长的必备角色。

威尔浪对自己的每一位店长都采取严格要求的方式，店长不仅要打理店铺，更要完成高于导购员的销售业绩。只有制定这样的制度规范，威尔浪的店长才能发挥最大作用，威尔浪的成长速度才可以得到保障。

目前，市场中很多店铺的店长存在一种不良想法，他们认为自己的职位属于店铺的最高领导，自己的主要工作就是管理与监督，职责范围内不再有销售业绩的要求。然而，大多数具有这种思想的店长都无法更好地领导团队，甚至有些店铺因为这些店长而走向没落。

究其原因非常简单，因为店长无事可做，店员不会做事。

情境案例

某品牌裤装店内，一位店长正在为所有导购员开晨会。店长明确向各位导购人员讲道：“最近店铺的销售业绩直线下降，相信不用我说大家也知道是什么原因。从今天开始，你们每一位导购员的销售任务按照天来考核，如果到下班时间没有完成任务，就自动留下来加班，店铺将为完不成任务的导购员延长营业时间。如果在加班时间内仍然不能够完成任务，就自动放弃每月的休息时间。总而言之，我不管你们用什么方法，店铺的销售业绩一定要改善，否则我们都要失业。”

讲完，店长为每一位导购员发了一份根据自己经验总结的营销技巧，接着说:“这些营销技巧是我在做导购员时期，根据自己的经验总结而得的，方法十分实用，希望大家尽量参考，如果有不懂的地方可以来问我。”

晨会开完之后，一天的时间很快过去了。到了下班时间，店长依然十分苦恼，这一天的销售业绩依然低下，很多导购员对自己传授的营销技巧无法把握住关键点，一天当中自己多次批评这些导购员，然而店铺销售业绩仍然没有明显的改善。

威尔浪经验分享

作为一家店铺的直接领导者，如果店长自身不能用实际行动服众，那么店长的各种管理方法、领导观点都无法发挥最大作用。换言之，店长无所作为，导购员则不会真心信服，这就导致店铺当中出现恶性循环的状态，店长的脾气越来越坏，导购员的业绩不断下滑，店铺销售情况不良，店长越发苦恼。

其实，根本原因仍然出在店长身上，因为如果店长不能成为导购员眼中的业绩教练，那么店长的其他领导工作则无法顺利展开。

威尔浪业绩教练店长打造方案

俗话说“麻雀虽小，五脏俱全”，任何一家店铺都具有完整的经营思路和营销模式，店长在这一系统运作过程中首先需要成为的就是“首席执行官”，其次才是领导者。

古希腊著名的哲学家、教育家和科学家亚里士多德的对等论认为，每个权力总会有相对应的责任，每个责任也会有相对应的权力。然而，店长的权力其实十分薄弱，决定店长领导店铺发展的主要力量恰恰是店长的影响力，即店长的表现能否让所有导购员认同，进而模仿学习。

如果店长的工作效率较低，那么这家店铺的销售业绩也无法提升。一个优秀的店长好比优秀的导演，他不仅会导戏，更会演戏——通过实际行动，将内心的真实想法传达给每一位“演员”，随后根据每一位“演员”的特点制定合适的角色，展现不同的风格。“演员”只有在导演表述传达到位后，才能真正入戏。因为无论是管理还是业绩，都是一名合格店长应该承担的责任，相信没有哪一家企业、店铺愿意聘请一名不管业绩、只懂得管理的店长，更没有哪一位导购员愿意跟随这样的店长。

对于威尔浪而言，我们不需要只懂得管理的花瓶店长，而是需要专注于将每一位店长打造成为专业的业绩教练。在这一过程中，我们总结出以下几点经验。

1. 纠正店长工作意识

一名合格的店长首先是一名合格的导购员，只不过他表现出了超越常规导购员的能力，所以他成为了店长。而一旦他脱离了导购员的身份，那么“店长”也就失去了存在的意义。

这是威尔浪在培养每一位店长过程中会不断强调、灌输的意识，也是我们每一位店长对自己的准确定位。

2. 优秀的店长需要懂得表现自己

店长的成功在于自己工作效果的与众不同，而不是顶着店长的名号，从事着不如导购员的工作，这种店长是失败店长的代表。身为店长，我们要解决导购员不能解决的难题，要表现出自己超出常人的能力，也只有这种工作方式，才是优秀店长的合理作为。

3. 领导与教练之间，店长更偏向于后者

店长需要进行的工作思考是：我能够为导购员带来哪些提升，我能够为店铺带来哪些改善，而不是我应该如何管理店铺、领导店铺。

销售业绩是店铺的发展命脉，当我们提升了导购员，完善了店铺的不足，店铺的销售业绩就会取得明显的提升，而恰恰是在这一过程中，店长的领导、管理工作也同时得到完成。

现代商业社会，市场竞争越来越激烈，尤其是店面竞争。作为店铺的表率人物，店长的作为即店铺的实力体现。如果我们的店长能够起到良好的带头作用、表率作用，那么我们的整个店铺都会呈现出积极向上的状态，获得更卓越的发展。

店长之道三：做店长就是做控货高手

店长的真实含义是什么？很多人会认为店长是一店之长（zhǎng），其实这种理解是片面的，所谓店长更应该是一店之长（cháng）。店长还应该是个人有特长、成长有专长，且集店铺整体实力之长的人。

店长应该表现出的实力应该覆盖到店铺的各项工作当中。除去培养团队、业绩教练之外，店长还应该展现哪些实力呢？有一种能力是至关重要的，这便是控货能力。

一家店铺的生存、发展离不开商品的调配与管控，这恰恰需要店长具备优秀的控货能力，在店铺发展过程中尽量减少商品库存与销售停滞，同时还要确保店铺的各项商品数量是充足的，型号、颜色是齐全的。

这种要求对于很多店长而言似乎是个难题，那么我们是否思考过这样一个问题，店铺货物的主要影响因素是什么，即什么在左右着商品的销售、库存与结构？当然是顾客的购买行为。那么店长则可以从这一点入手总结出一套符合店铺发展的控货系统。

威尔浪在培养店长的控货能力过程中，必然会为每一个店长分享一个大家都熟知的商业故事。

一家餐馆经过多年的经营发展到了一定规模，在这种情况下，餐馆老板决定在其他城市开一家分店。可是由于两地距离较远，同时管理这两家餐馆存在很大困难，于是经过一段时间思考，老板决定从现有的三个部门经理中提拔一人当新店的总经理。

老板对三个部门经理的考核非常简单，只提出了一个大家熟知的问题：“先有鸡还是先有蛋？”

第一位经理回答："先有鸡！"

第二位经理回答："先有蛋！"

第三位经理看了看前面两位经理，笑着对老板答道："客人先点鸡，就先有鸡；客人先点蛋，就先有蛋。"

结果不言而喻，第三位经理成为了新店的总经理。

威尔浪与每一位店长分享这则故事的目的在于，我们希望自己的每一位店长明白一个道理：在当今竞争激烈的市场中，想要获得发展就一定要超越"惯性思维"，一切从顾客的角度出发，我们便可以获得更深的思考，解决更多的问题。

这一理念完全可以帮助很多店长解决店铺的控货问题。因为我们可以根据客户的不同需求、不同喜好，总结出订货、上货、库存、销售等各种商品问题，从而最大程度减轻店铺的控货压力。

情境案例

某品牌裤装专卖店内，店长与导购员正在进行着紧张的商品上货配备工作。过程中一名导购员问店长："店长，这款商品我们应该摆在哪里，应该保留多少库存呢？"店长回头看了一眼导购员手中的商品回答道："根据你们的销售经验，如果你们觉得商品可以畅销，就尽量多保留一些库存，并将商品摆在醒目的地方。"

按照店长的指示，很快各区域的导购员将自己负责区域的商品陈列完成，店铺随后开张营业。

然而一天的工作结束后，店长却陷入了各种麻烦当中。这家店铺当日的销售过程中商品数量、款式根本无法及时满足当日的销售，很多商品出现了缺货、断码的情况。店长虽然及时打电话到其他店铺进行了调配，但是过量的货物配送工作让店铺内所有人都疲惫不堪。

而且一天的工作结束后，店长发现店铺内居然出现了很多滞销品，很多商品的库存也成为了店铺的销售压力。

威尔浪经验分享

一名店长不仅仅要带领好所有导购员，更要调控好店铺的各种商品。案例中这位店长就是缺乏控货能力的典型。

所谓控货是指在一定时间段内对商品的数量进行控制，其中包含了商品的快速消费性、配送速度、时效性等多方面因素。如果店长不能及时处理好商品的这些问题，那么店铺的销售压力会不断增加，员工的工作量会不断加大。

威尔浪控货高手型店长打造方案

威尔浪店长的控货能力提升方法，正如我们为店长分享的商业故事中的商业原则一样，我们需要从顾客的角度出发，从以下几方面进行思考，而后进行货物的控制。

首先，我们需要站在顾客角度对商品的卖点进行分析，思考商品的特性。任何一款商品进入店铺后，店长需要针对这款商品的面料、款式以及风格思考市场卖点，并根据这一卖点预测商品销售量，如此才能确定商品的库存数量。

其次，商品卖点分析不能过于主观，要综合讨论后进行最后评估。正如案例中店长的错误表现一样，这位店长让导购员根据自己的观点进行商品的陈列。这种行为导致的直接结果则是顾客看到大多数导购员喜欢的商品，而不是自己寻找的商品。

所以，店长需要对每一种商品进行综合分析讨论，最终才能确定商品的陈列以及商品的数量。

最后，根据销售经验、店铺数据进行控货。从顾客的角度出发，我们思考顾客最喜欢的商品大概属于哪些款式、风格，然后将这些货物进行分类，确保类似能够带动店铺销售业绩的商品绝对不能断货，而且库存可以稍大于其他商品。

因为即便这些商品第一时间无法全部销售一空，也不会增加店铺的库存压力，这些店铺的畅销品数量得到了保障，店铺的利益才能够获得保障。

商品数量的管控事实上远没有我们想象的如此复杂，或者说对于每一位店长而言，只要合理运用我们的销售经验，并站在顾客角度分析各种问题，成为一名控货高手并不是问题。威尔浪在多年的发展过程中培养出多名控货高手，我们的店长在多年的实践工作中已经总结出了各种控货方法。上面提到的控货三要点，是所有店长都认同，且一直在遵循的控货技巧、控货方案。

店长之道四：做店长就是做思维导师

当今市场中流行这样一句话："思路决定出路。"这句话表示作为一名商业人士，我们一定要具备商业头脑，具备商业思维。这种基础是我们在商场生存、发展的决定性因素，更是企业、店铺获利的捷径。

作为店铺的直接统帅，店长应该具备什么样的商业思维呢？非常简单，店长应该具备的正是营销思维。这种营销思维不仅包括店长的个人实力，其中还包括店长对各位导购员的思路培养，对导购员的方案提升。

因为当今市场中，对应"思路决定出路"的还有另外一句名言，这便是"高度决定思路"，而一家店铺的高度绝对不是店长一人就可以提升的，只有整个团队成长，店铺的高度才能够凸显。

威尔浪认为，裤装市场的营销问题关键在于店铺店长是否理解营销的本质，满足客户的潜在需求，只有这一点理解到位，营销战略才能够符合发展方向，营销才能够真正有效。

情境案例

某品牌裤装专卖店内，店长正在为所有导购员进行营销技巧培训。这位店长讲道："营销需要根据不同的对象采用不同的方法，以年龄偏大的顾客为例，这类顾客消费观念相对保守，他们对商品的价格更为重视，因此我们需要采用恰当的营销方式。例如，重点向这些顾客突出商品的性价比，或者附赠一些小礼品之类，这些营销方法更能够打动这一顾客群体的内心。"

然而，在随后的工作过程中，这位店长发现，所有导购员的营销方法并没有得到太大改善，店铺的销售业绩仍然无法获得提升。

这位店长在极为气愤的情况下，盘问一位导购员，为什么你不按照我指导的销售方法营销呢？为什么你对待每一位顾客都采用相同的服务方式呢？

这位导购员回答道："我还没有遇到年龄偏大的顾客，又该怎么使用您传授的方法呢？"

威尔浪经验分享

在这则案例中，导购员与店长均存在较大问题。

首先作为一名店长，仅仅自己具有一定的营销思维是不够的，不能够将这些思维指导给导购员，则无法发挥营销思维的最大作用。

在这位店长的营销技巧传授过程中，他只提到了方式方法，而没有进行思维的指导。可以说恰恰是缺乏了这种思维的指导，导致大多数导购员不能够及时领悟其中的含义。

其次，作为一名导购员，绝对不能被动地遵从，而是应该具有一定的主见，懂得将店长的话举一反三。如果我们缺少类似的作为，则代表我们不能够成为一名合格的导购员。

威尔浪思维导师型店长打造方案

店长的营销思维是建立在不同营销层次、不同顾客认知前提下的大脑活动。这种大脑活动方式非常可贵，它不仅可以提升营销成功率，更能够增加顾客黏性，为店铺带来长久的利益。

所以，将店长的营销思维及时与导购员进行分享更为重要，威尔浪在自己的发展历程中一直将这些任务作为了发展重点。我们的目的是让每一位导购员都具备店长级别的营销实力，以此来增强威尔浪的基础市场竞争力。

通过总结多年的指导经验，我们发现将店长的营销思维进行发展扩散需要从以下两方面进行。

1. 将店长的营销思维体现在营销过程中

电影《乔布斯》中有这样一句经典的台词:“我们不是要比竞争对手做得更好，我们是要跟他们做得不一样。”

这句话可以充分体现出店长的营销思维，如果将这种思维进行普及，可以有效提升导购员的营销能力。作为一名店长，我们需要从每一位导购员的营销过程出发，将自己在营销过程中与众不同的观点及时与导购员分享。

营销过程中，与顾客的接触尤为重要，我们发现合格的店长一定可以做到保持良好的态度，能够及时跟进，将顾客的潜在需求激发出来，由此进行产品推销。

通常我们的导购员可以做到前两点，即良好的态度与及时的跟进，而顾客潜在需求的激发则无法做到。因此，为了提升导购员的营销思维，我们需要在导购员的营销过程中，进行关键之处的点拨指导，以便最大化提升导购员的营销意识、营销思维。

2. 营销思维需要强大的内心

店长与导购员最大的不同点并不是体现在能力之上，而是内心。很多时候，一些拥有一定营销技巧的导购员在遇到一些难缠的顾客时便无法发挥原有的实力，这也是缺乏敏锐营销思维的具体体现。

在这种情况下，往往店长出马后可以顺利解决问题，这并不是因为店长的身份可以影响到顾客，而是因为店长在敏锐的营销思维下，内心变得更加强大。店长首先需要向导购员传输这样的思想，顾客虽然是上帝，但是我们的销售属于公平交易行为，在销售过程中我们需要保持礼貌的态度，但是不可卑微。顾客的难缠往往体现在要求的苛刻之上，只要我们能够利用自己对商品的足够认知，满足顾客的需求，那么我们就可以如同店长一样顺利解决各种问题。因此，店长在指导导购员的过程中，需要传递这种强大内心的思想。

以上两点是店长向导购员传输营销思维的重点，很多店长曾为此感到苦恼，认为自己的导购人员缺乏学习主动性，很多营销技巧无法及时掌握。

其实，并不是这些导购员过于懒惰，而是思维未能跟上店长的节奏。

所以，威尔浪坚信合格的店长一定是专业的思维导师，可以从根源上解决导购员提升困难的问题，当我们让身边的导购员具备了营销思维，那么一切营销技巧、营销方法都可以在短时间内融会贯通，店铺的整体团队则可以获得一次质的飞跃。

店长之道五：做店长就是做品牌顾问

当代市场中，对于每一家企业、店铺而言，有一项重大的支出一直处于居高不下的状态，而且所有企业、店铺都需要付出这样的代价，这就是企业、店铺的品牌宣传费用。大量的广告需要我们投入较大的资金，虽然广告带来的收益是巨大的，但是我们同样应该思考，是否有其他方法既能保证营销宣传的效果又能减少宣传费用。

方法必然存在，这便是利用我们企业、店铺中的每一位员工进行品牌的自主宣传。良好的宣传效果可以提升我们的获利，这相当于为企业、店铺节省了一笔较大的开支。

那么在这一工作过程中店长又该有何作为呢？

威尔浪对店长的工作要求当中，明确指出，品牌宣传工作属于店长的业务，最大化宣传威尔浪品牌是每一位店长不可推卸的责任。

情境案例

2013 年，威尔浪 S 市店的店长曾策划出一次个性化的品牌宣传活动。这位店长曾在店铺门前摆出过这样的一条宣传单：受市场竞争压力的影响，本店决定进购一批英国贵族式裤装，并由这款裤装代替现有的高尔夫系列。希望喜爱本店高尔夫系列裤装的朋友们从速购买。

这则消息发布后在整个市场中都引起了巨大的反响。因为高尔夫系列是目前国内最流行的裤装款式，而且高尔夫系列也是威尔浪的主打品牌，如果用大家都不熟知的英国贵族产品替代高尔夫系列，一定会得不偿失，为公司带来巨大损失。

在这种情况下，威尔浪的很多老顾客都前来购买高尔夫系列产品，而且强烈建议店长不要更换高尔夫系列产品。而在市场上，一时间威尔浪裤装专卖店也成为了整个裤装行业热议的话题。很多人对威尔浪的这种自杀式产品更换行为感到疑惑，甚至有些人还发表了幸灾乐祸的言论。

在这种情况下，威尔浪 S 市店又公布了这样一条信息：“鉴于新老顾客对威尔浪高尔夫系列产品过于钟爱，多次建议我们不要撤销这一系列的产品，所以威尔浪决定保留高尔夫系列产品，继续为广大顾客服务，同时谢谢大家的关爱。”

这条消息公布后，很多人开始醒悟，其实这就是一起简单的品牌炒作行为，威尔浪的这家店长利用大众思维对自己的品牌进行了一次宣传。

威尔浪经验分享

威尔浪 S 市店这位店长的品牌宣传方式借鉴了日本 SB 公司的品牌宣传故事。几年前，日本 SB 公司作为本国咖喱粉业最大的生产厂家，虽然销售情况良好，但是大家对 SB 的品牌认知有限。在这种情况下，这家公司利用制造新闻的方式，进行了一次品牌的全国性宣传。

当时，日本几家报纸，如《读卖新闻》《朝日新闻》等同时刊登了这样一则广告：“SB 公司决定雇直升飞机数架，飞临白雪皑皑的富士山上空，然后将咖喱粉撒在山顶上。以后，世人看到的富士山将不再是白色而是咖喱粉色……”

这则消息宛如一声惊雷，令日本全国人民极为震惊。各方面人士开始大事训斥 SB 公司的无理取闹行为，一时间各界舆论纷纷指向 SB 公司。SB 公司频频出现在报刊上，成为众矢之的。

尽管日本舆论界激烈地批评SB公司，但是SB公司并没有做出任何回应。临近该公司许诺的飞机撒咖喱粉的日子，报纸上突然又出现了 SB 公司的一则郑重声明：鉴于社会各界的一致强烈反对，本公司决定取消原计划。

就这样日本全国都知道了 SB 公司，并认为这是一家实力雄厚的、财大气粗的大企业。由此 SB 公司的咖喱粉成了全国的畅销品，SB 公司的品牌彻底打响。

这则故事正是威尔浪这位店长品牌宣传行为的灵感来源。虽然这种个性化宣传方式并不是威尔浪所倡导的，但是宣传效果却极为惊人。威尔浪的知名度通过这次事件得到了显著的提升。

威尔浪品牌顾问型店长打造方案

威尔浪的所有店长都拥有自己的品牌宣传方式，这些威尔浪的中坚力量除了良好的业绩之外，同时还具备良好的品牌宣传意识，他们时时刻刻考虑到营造品牌形象、维护品牌形象及长远的竞争力，并将威尔浪推向更广阔的空间。

在这一过程中，威尔浪从这些优秀店长身上总结了几种巧妙的品牌宣传方法，现在与大家一起分享，希望所有人都可以通过这些经验成为店铺的品牌顾问。

1. 制造新闻，宣传品牌

这种方式正是我们案例中提到的方式。但是在这里我们需要明确一点，由于目前炒作式品牌宣传已经毫无新鲜感可言，甚至已经令人感到厌烦，所以这种新闻炒作式品牌宣传尽量别制造负面新闻，否则很容易起相反的效果。

2. 营销活动式品牌宣传

这种方式对于很多店长而言十分常见，但是却有很多店长无法做到位。因为很多店长在营销过程中过于注重营销本身，而忽略了品牌宣传，所以我们需要铭记，所有营销活动都是我们宣传自己品牌的最好时机。在营销活动中，最醒目的不应该是商品，而应该是我们的品牌。

3. 赠品式品牌宣传

所谓赠品式品牌宣传是指通过赠品自身进行品牌宣传。举一个最简单的例子，很多裤装专卖店会赠送顾客印有公司商标的购物袋，而且这些购物袋款式较大、商标明确。这就是利用赠品进行品牌宣传的方法。作为店长，我们应该合理利用这种方式对自己的店铺、企业进行最大力度的宣传。

优秀的店铺需要合格的店长，而合格的店长一定懂得进行品牌宣传。店长在做到业绩教练、控货高手、思维导师之后，另外一个身份也需要铭记，这便是品牌顾问。

店长之道六：做店长就是做“知心姐姐”

对于员工而言，店铺、企业最好的经营状态是什么？必然是店铺为家、企业为家。这是目前市场中大多数企业、店铺所追求的发展境界，同样是大多数员工渴望的工作环境。不过就市场现状而言，大多数企业、店铺都无法为员工提供一份如家般的温馨，因为很多店铺、企业中缺乏优秀的家长、家人，由此员工自然无法产生家一般的感受。

在威尔浪当中，我们有这样一个称呼习惯，便是将自己的员工称为家人，这并不是代表威尔浪在追求形式主义，而是我们企业文化的体现，也是我们的发展理念。

打造家一般的企业，是威尔浪不变的发展原则。在这一过程中，我们对店长的培训也增加了一项要求，即威尔浪的每一位店长都需要在店铺中营造出家庭的氛围，让自己的团队如亲人般共处，让自己的店铺产生家庭般的温暖。

最初，我们的店长的确无法做到这一标准，因为繁忙的日常工作让店长自身都应接不暇，根本没有时间在意店铺内员工之间的人际关系。直到威尔浪W市旗舰店店长“知心姐姐”王姐出现后，越来越多的威尔浪店长开始体会到，为自己的店铺营造一个温暖的家庭环境，可以令员工之间更团结，工作过程更顺畅，人际关系更融洽，企业发展更良好。

情境案例

威尔浪W市旗舰店店长王姐在2013年被威尔浪授予了店铺“知心姐姐”的称号，这源于王姐在日常的生活、工作中如同一位知心的大姐姐一般，帮助每一位导购员解决各种难题，迅速培养自己的员工，让店铺如家一般温暖。

W市旗舰店导购员小李是从山东农村来W市打工的打工妹一族，当时刚来到W市的时候连标准的普通话都不会说，又因为学历不高，一时间很难找到合适的工作。

后来，小李来到了王姐管理的旗舰店。通过沟通交流，王姐发现，小李是一个非常勤奋、非常聪明的小姑娘，只是因为普通话不够标准，所以在应聘导购员的过程中被大多数店铺拒绝。但是王姐想到，小姑娘只身进城十分不容易，而且又是一棵好苗子，只要多加培养一定可以成为店铺的主力。

于是，王姐直接收下了小李，并且利用业余时间对小李进行细心的培养。小李回顾这段经历的时候经常说："那段时间真是辛苦王姐了，由于我是山东人，讲话口音比较重，所以练习普通话比其他地区的人更有难度。但是王姐从来没有抱怨过，更没有放弃过我，而且还自己花钱给我买了一个MP3，让我在业余时间多听一些新闻广播，希望我可以尽快学习好普通话。那段时间，由于我普通话不到位，很多顾客都是王姐帮助我一起接待服务的，平时店铺里的工作已经很忙了，王姐还要分担我的工作，让我十分感动。从我出生以来，只有家里的亲人这样为我着想过，所以我现在把王姐当作自己的亲姐姐，只要王姐有指示我一定尽最大努力办好。"

小李的情况不是个例，王姐的确像一个知心姐姐一样，帮助店铺里所有人解决着各种生活、工作问题。而且王姐毫无所求，对待每一位员工都十分真诚。大家对王姐的评价是："只要我们有事，王姐都会倾尽全力来帮助我们，王姐为我们、为店铺付出了太多，我们只能用优秀的工作业绩来回报王姐。"

威尔浪经验分享

王姐的故事如今已经成了威尔浪内部流传的美谈，"知心姐姐"的称号王姐当之无愧。然而，当有人问及王姐自己为何这样做，又是如何营造出家庭一般的店铺时，王姐只是简单地回答：“只要你把店铺当作家、把员工当作家人就足够了。”

目前，很多企业、店铺都在为自己营造一种家文化，然而这种刻意为之的效果却往往令人失望。对比王姐讲过的这句话，我们可以发现，其实家文化的营造并不困难，只要我们如同王姐一般真诚地对待家人，那么我们的团队到达的任何一个地方都可以称为家。

2014 年 9 月，威尔浪高层领导再次找到了王姐，与王姐详细探讨了营造家庭氛围的店铺的过程中，店长应该具备的素质。王姐结合自己的工作经验，向我们表达了三个关键点，这三点对于威尔浪而言已经成为未来的发展理念与原则。

1. 家是由人组成的

很多店铺、企业在打造家庭文化过程中会着重对店铺、企业进行一些刻意的修饰，例如开展店铺的聚餐活动、旅游活动，等等，这些措施的目的是为了让员工之间增进感情，彼此之间更团结。

然而，这些措施起到的效果却并不明显。王姐认为，这些举措是完全没有必要的，因为这些活动虽然可以令员工内心放松，但是却不能增进彼此之间的情谊。人与人之间感情深厚的基础只有两个字——真诚。所以，只有我们真诚地对待身边的人，我们才能够拥有家人，只有拥有了家人，企业、店铺才能够称之为“家”。

2. 对待家人要公平

作为一名店长，王姐将“公平”二字体现得淋漓尽致。在王姐的店铺中，所有人对王姐分配的工作都毫无怨言，这不仅仅是因为家庭的工作氛围，更是因为大家对王姐的信任。

无论是分配工作，还是奖惩措施，王姐都会将公平体现得丝丝入微。多年的工作经验让所有员工对王姐产生了足够的信任，这也是王姐旗舰店导购员团结高效的主要原因。

3. 亲情体现在细微之处

王姐店铺的每一位员工都是王姐的关心对象。王姐曾说过这样一句话:“虽然我不能给予他们太多，但是我绝对不会让他们缺少太多。”在日常工作中，王姐对每一位导购员的关心都是十分细心的。

有一次，小李在中午午饭时间接待了一位难缠的顾客，经过了一个多小时的营销才完成这单交易。王姐发现，在接待这位顾客之前小李刚刚开始吃饭，而接待完顾客之后，小李的饭早就凉了，又因为中午午饭时间已经过去，小李干脆放弃了午饭直接投入到工作当中。

面对这样的状况，王姐直接又为小李定了一份午餐，并叮嘱小李先吃饭，吃完后才能工作，小李负责的区域她先帮忙看好。

类似的情况发生过很多，王姐对店铺导购员的观察极为细致，这不仅仅体现在生活帮助上，而且在工作指导、经验传授过程中，王姐都会表现得极为细心。正如王姐所说的，亲情都是体现在细微之处的，只有我们给予了他人无微不至的关怀，我们才会如同一家人般亲切。

店长，不仅仅是领导者、教育者以及督促者，店长也是每一位导购员的家人，每一位导购员的“知心姐姐”。威尔浪通过王姐的故事已经将“知心姐姐”型店长作为了主要培养方向之一。因为我们坚信，只有如同王姐一般的店长，才能够打造出强劲的团队，才能够为威尔浪挖掘更强大的潜在力量。

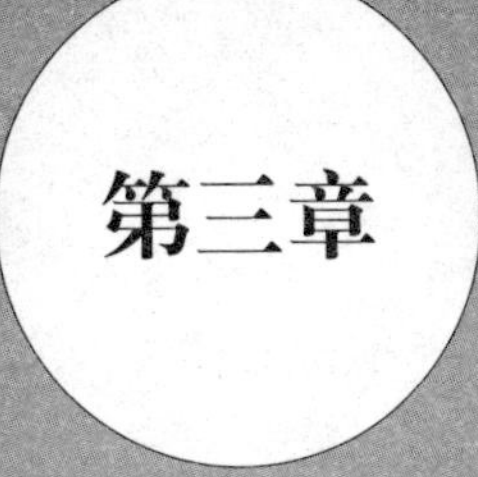

第三章

超级卖手养成记

——销售业绩是王道

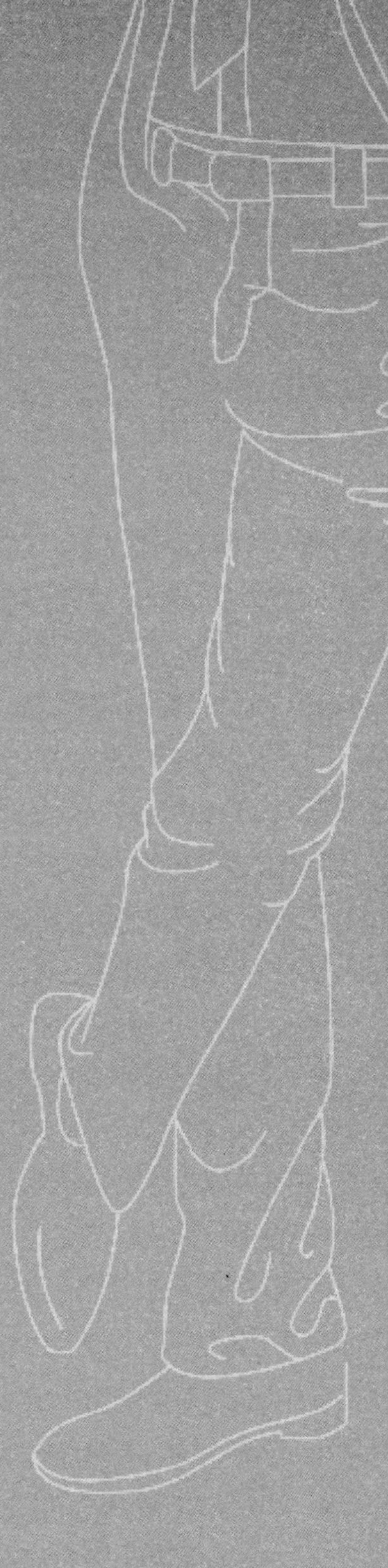

好形象：导购形象就是店铺形象的业绩法则

导购员是一家企业销售终端的专职服务人员，很多人对导购员存在着极大的误解，认为导购员是企业的炮灰级员工，对企业产生的作用、影响甚微，甚至有些人认为导购员属于企业的编外人员，对企业毫无意义可言。

如果我们是消费者，对导购员产生类似的误解无可厚非；如果我们属于专业的销售人员、企业的正式员工，那么我们则必须端正自己的态度，转变自己的思想，我们需要了解，导购员是企业整体形象、外在形象的最直接代表，导购形象正是店铺形象的业绩法则。

从威尔浪的角度来看，导购员是个人职业形象结合业务服务后企业的整体外在展示，其中包含着个人面貌、外在气质、内在修养以及工作态度。一个合格的导购员无论仪容（外貌）、仪表（服饰和职业气质）、仪态（言谈举止）都会展现出符合企业发展的特点。而且只有这三方面特质与企业形象匹配，企业的外在面貌才会呈现出欣欣向荣的趋势。

现在，威尔浪和我们一起分享一些导购员形象的案例。

情境案例一

某裤装店导购员统一着装，男士白色衬衫，黑色裤子，黑色皮鞋；女士西装上衣配备正装短裙，丝袜加黑色皮鞋。

错误着装

- 男士统一黑色裤子。
- 女士统一正装短裙。
- 男女统一黑色皮鞋。

威尔浪经验分享

作为一家裤装店铺，店内导购员是企业品牌的最好模特，如果我们自己的导购员都不能展现产品特色，那么消费者怎么会相信我们的产品可以改变自己的生活。

在这里我们要明白一个观点，导购员不同于迎宾、礼仪人员，着装统一虽然是体现企业素养、员工素质的主要方法，但是着装统一不等于着装单一。在店铺实力允许的情况下，我们建议所有裤装销售店铺，将导购人员服装进行合理的规划，在体现企业品牌形象基础上寻求好形象的最大化提升。

例如，统一白衬衫，裤子样式、颜色根据员工身材、气质、体型进行合理搭配。如企业必须统一着装，可以按照周期更换着装样式，如每月第一周穿黑色服装，第二周穿棕色服装……

威尔浪好形象导购员指导方案

导购员的好形象需要我们牢记四个标准：

第一，导购着装必须与个人职业切合；

第二，导购着装必须与自身体型切合；

第三，导购着装必须与个人年龄切合；

第四，导购着装必须与个人气质切合。

很多企业认为这四点要求无关紧要，但是我们可以试想，如果我们走进一家品牌裤装销售店，发现导购人员穿着自己企业的服装都没有优秀的气质，我们会产生强烈的购买欲望么？购买欲来源于内心冲动，而视觉冲击则是刺激消费者内心的第一要素。千万不要认为导购员着装属于销售方法中的老生常谈，乏味无新。我们可以到劲霸、七匹狼等品牌服装销售店中体验一番，这些服装店里，刺激消费者内心的不仅仅有商品的价格，更有导购员的好形象。

情境案例二

某裤装店女导购浓妆艳抹，男导购留胡须扮成熟，力求依靠导购人员的外表提升企业形象。

错误装扮

- 女士化妆过剩。
- 男士留胡须（修剪整齐亦不可）。

威尔浪经验分享

虽然很多企业、店铺中都明确规定，女士不可化浓妆，男士不可留胡须，但是近年来受广告业的刺激，很多服装店铺都开始将导购员按照广告要求，打造成型男靓女，以此来吸引顾客，提高销量。

这种个性化路线在威尔浪看来属于画蛇添足之举。导购员形象代表着企业整体的形象，其中包含着外貌特征、个人气质、企业文化、内在修养等多种因素，如果我们将外貌特征过于突出，那么其他因素则会被忽略，这无意中对企业形象造成了不良影响。

因为任何一个服装品牌的最终消费人群都是大众，如果我们的裤装只适合型男靓女，或者需要浓妆艳抹来衬托，我们商品的品牌形象则会在消费者心中大打折扣。

威尔浪好形象导购员指导方案

店铺导购员必须服从企业制度要求，合理着装，化淡妆。好形象应该是不加修饰，自然流露的一种气质。即便我们形象一般，也可以依靠我们的热情、专业素养来提升整体形象，在客户心中留下深刻印象。切不可过于追求时尚，表现过于张扬，尤其是外在表现过于夸张，这不仅影响企业形象，更会为消费者带来心理压力，对企业带来不良影响。

形象良好的导购员应该整体风格成熟、典雅、大方，细节中不能有邋遢、不修边幅的元素，更重要的是我们要有画龙点睛的一笔——专业的职业素养，在干净利落的外表下，得体的服装配合热情的服务，可以为消费者留下不错的印象，并且能第一时间拉近自己与消费者之间的距离。

在威尔浪多年的导购员指导过程中，我们发现专业、干练、亲切三大元素是最能够迎合消费者需求的形象要素，也只有这样的导购员才能够亲近顾客、与顾客沟通、帮助顾客。言谈举止的礼仪美是威尔浪对导购员形象的最终要求，导购人员形象是企业展示给消费者的第一印象，这不同于我们的商品印象。商品印象大多是在消费者的想象中呈现的，而导购员的形象则是商品形象的直观效果，所以我们需要把每一位导购员打造成符合大众消费者需求、体现企业品牌特色的形象大使。

作为一家裤装企业，威尔浪一直认为美化他人是从美化自己开始的。导购员的形象绝对不能只搞表面工作，而是一种由内至外的展现。一个形象良好的导购员甚至不需要多么出众的外表，从其良好的站姿、稳重的谈吐、热情的目光中就可以体现出与众不同。很多销售店铺都会要求导购员采用微笑服务，然而如果我们的微笑不能直达消费者的内心，满足消费者对我们的形象需求，我们的微笑缺乏亲和力，那么我们的形象依然会一落千丈。

导购员的外表属于可以修饰的外在美，形象则属于内在美，如果外在过于修饰，内在美则会受到影响。2013 年中国市场销售行业中流传着这样一个名词“知性美”，而这一名词正是用来修饰导购人员的，在我们外表美的前提下，将导购人员打造出“腹有诗书气自华”的形象，则是企业对导购人员最成功的培养。在这里，威尔浪与大家分享一些关于这方面的培养经验，导购员形象提升不仅要注重外表，还需要多学习接待消费者、与客户沟通的技巧以及商品知识。

举一个最简单的例子，2008 年国内某知名运动品牌公司的一名业务人员到耐克销售店铺进行暗访，以求学习优秀的销售经验。过程中，这位业务人员对耐克导购员提出了五种关于商品特色的问题，而耐克的导购员都做出了详细的解答，并且这位导购员可以把这些答案全部转移到消费者身上，让听者感觉耐克的商品就像为自己量身定制的一般。这一过程中，耐克导购人员亲切的微笑令人如沐春风，在这种氛围下，前去暗访的业务员不由自主地购买了一双耐克球鞋，回家后在自己的微博中发表了感想，这位业务人员写道：“耐克的导购员完全可以胜任大多数中小企业的销售经理，虽然他其貌不扬，但是专业的导购形象已经证明了他的实力。”

这则案例清楚地告诉我们，导购人员形象并不是外在特征，而是一种由内而外的综合表现。一家企业导购人员的形象完全可以代表这家企业、店铺的销售业绩，我们只有打造出合格、到位的导购人员，才能创造销售奇迹，实现宏伟的发展愿望。

好心态：积极心态的业绩法则

身为一名合格的导购人员，良好的形象是销售水到渠成的基础保障，在这基础之上我们还需要另外一种提升，才能够达到超级卖手的境界，这就是良好的导购心态。也只有具备了良好的导购心态，我们才能够成为有前途的导购人员。

如果说心态决定一切的话，那么我们需要思考这样一个问题，导购的主要工作任务是什么？如果我们的导购人员回答为“销售”“服务消费者”，那么这就证明导购人员的心态存在问题，这种回答表现出销售人员心态存在被动性，只是为企业、店铺完成销售任务，而并非发自内心地进行销售工作。在这里，威尔浪通过多年的超级卖手培养经验，总结而得：合格的导购人员，不仅要懂得销售，更应该懂得拓展。

亚洲销售女神徐鹤宁曾讲过这样两句话：“老板只能给一个位置，不能给一个未来。舞台再大，人走茶凉。”“意外和明天不知道哪个先来。没有危机是最大的危机，满足现状是最大的陷阱。”

这两句话不仅反映出了当代中国市场销售人员的普遍心态，更表明了中国销售市场的现状。目前很多企业、店铺的导购员都存在这样的心理：按时完成工作、完成销售任务便是合格的导购员。那么真正合格的销售人员应该具备怎样的心态呢？

情境案例

2014年10月底，恰逢淘宝“双十一”来临之际，大众消费者购物欲望急速膨胀，蓄势待发，渴望血拼一把。这时，某品牌裤业店铺内，导购员已经完成当月销售任务，心情极为放松，无动于衷地从事着正常的工作，对下月工作计划没有任何想法。

错误心态

- 完成当月销售任务，心情极为放松。
- 对未来可能出现的情况没有任何准备。
- 对销售市场、长远销售工作缺乏规划。

威尔浪经验分享

作为一名导购人员，我们的工作地点可以局限在店铺之内，但是我们的工作思路不应该受到局限。首先完成当月销售任务并不等于完事大吉，应该从中总结当月工作心得，思考如何将良好的销售势态保持下去；其次，很多导购员会抱怨企业、店铺在节假日阶段销售任务繁重，苦不堪言，其实大多数是因为导购员未能提前做好准备与规划，导致销售任务增加时措手不及，如果我们能提前把畅销的商品备货齐全，并且做好各种销售记录，那么任何情况下我们都可以得心应手；最后，合格导购员与普通导购员最大的差别在于有没有远大的理想，一位有远大理想的导购员应该如同格力董事长董明珠一样，从导购工作开始树立远大的目标，抓住每一个市场机遇，将自己的工作做到合格，做到卓越，如此才能有所突破，有所成就。

威尔浪多年的超级卖手养成经验告诉我们，一个成功的导购员在日常工作中应该具备以下五种心态，也只有具备了这五种心态，才能够成功，才能够成就自己。

1. 真诚的心态

合格导购员的真诚不仅表现在对待顾客上，对待自己也需要真诚。因为我们的工作是为了自己，而不是为了企业，更不是为了他人。具备了真诚心态，我们就会更和谐地处理同事关系，更诚恳地对待每一位客户，更真诚地对待自己。

所以说，真诚是每一位导购员的基础心态、必备心态。

2. 耐心

可以说所有有梦想的人都需要这种心态，而成功的导购员更需要这种心态。有些导购员认为，工作中的耐心是指无论客户提出多么麻烦的问题、多么苛刻的要求，我们都应该耐心为其解决。这只是耐心的基本表现。正如同我们在本节开篇提到的，合格的导购员不仅要懂得销售，更应该懂得拓展。

以皮尔·卡丹专卖店的服务特色为例，在皮尔·卡丹专卖店中，销售人员不仅对每一位顾客热心，而且服务到位。当顾客表达自己想购买一件裤装或上装时，皮尔·卡丹的导购员会一次性为顾客挑选 3 ～ 5 件商品，让其一一试穿，同时导购人员会及时观察顾客的表情，如果没有发现顾客露出满意或喜欢的表情，销售人员会在顾客试穿完之前再提供其他的商品，这种主动耐心会比被动耐心获得更好的销售成果。

3. 自信、自强的心态

在销售过程中难免会遇到要求苛刻或者情绪不佳的顾客，在这种情况下，我们需要自信、自强的心态。

例如，每一个顾客进入店铺之后，我们都要有成功推销商品的自信。只有我们拥有了这种心态，才能够应对各种类型的顾客，才能够改变他人的内心。

世界汽车行业销售吉尼斯纪录创造者乔·吉拉德的最好成绩是在一年中零售推销 1600 多辆汽车，平均每天售出将近五辆汽车的成绩使他成为了当之无愧的汽车销售大王。乔·吉拉德在应聘汽车推销员时遇到了这样的情况，老板问："你推销过汽车吗？"乔·吉拉德回答："没有，但是我推销过日用品，推销过电器，我能够推销它们，说明我有足够的推销能力，所以我当然能够推销汽车。"正是这种自信，让他拥有了这份工作。除去自信之外我们还需要一定的自强。当我们的销售过程中出现某些疏忽时，必然会遭到顾客的批评。例如，一些要求苛刻的顾客批评我们服务不到位，或者我们的专业服务没有其他店铺强时，我们不仅要虚心接受批评，还要自强不息，向顾客保证下次光临时一定会有所改善，令顾客感到满意。

4. 总结心态

顾名思义，总结心态是一种经常总结的自我提升心态。身为导购人员，我们的工作经验就是不断地积累，经常总结自己工作的优点、缺点以及提升空间，是快速成长的好方法。

这种总结心态同样需要主动，而不能被动。例如，不要等到月底或者周末再去总结一段时期内的工作，而是应该对于每天、每件有感触的事进行总结。被誉为中国台湾的“经营之神”的王永庆最初经营自己的米店时就是一位善于总结的人，他不仅总结经营之道，还对客户进行总结分类，在一段时间内，他甚至对客户进行了分类，根据每个人买米的日期、买米的数量计算出下次买米的时间，并按照时间段进行分类，根据这种分类，王永庆定期到这些客户家中送米，这种深度连接客户的做法让王永庆成为台湾企业家中的传奇人物。

5. 进取心态

总结心态正如导购人员的学习心态，而只有我们保持强烈的进取心才能有所发现，才能有所总结。所以作为导购人员我们需要时刻保持进取心。所谓进取心则是一种“处处留心皆学问”的心态。

以著名的海底捞销售模式为例，海底捞的“导购人员”会细心留意顾客的每一种需求，在满足这种需求的前提下进行促销。例如，海底捞的“导购人员”会为顾客擦拭皮鞋，会为顾客剪指甲，甚至会留意顾客喜欢的小菜，并奉送一小份，这种种细节的把握就是进取心的表现。

当我们的导购人员拥有这种进取心，就会发现自己工作中的各种不足，就会不断完善自己，不断创造新的销售成绩。

心态是决定销售成败的关键，身为企业、店铺的销售人员，良好的心态可以视作行业内的销售业绩法则。

好开场：拉近距离，改变顾客潜意识的业绩法则

中国品牌裤业的发展，经过十几年风风雨雨的洗礼已经由低谷的艰辛坎坷变作了今日的蓬勃向上，期间虽然跌宕起伏，但是今日的市场形势确实喜人。在当前的裤业销售市场中，一句至理名言被凸显得更有力度，这便是：“产品是企业的生命，销售是企业的灵魂。”

当然，销售绝非简单的出售，而是需要导购员进行专业的销售服务，并通过运用自己的销售能力，满足顾客的购物欲望，令顾客、企业达到双赢的状态。

超级卖手是裤业品牌发展的制胜武器，只有对超级卖手进行精细化培养，才能提升裤装企业的基础实力，才能确保企业获得良好发展。威尔浪在市场拼搏多年的过程中，总结出了一套符合裤装行业销售人员能力提升的成长方案。

好开场是销售高手的制胜法宝，一个好的开场白不仅可以拉近与顾客的距离，更能够影响顾客的购物潜意识。然而，就当前裤业市场而言，大多数销售人员缺乏良好的顾客沟通经验，尤其在开场白上缺乏销售意识。

情境案例一

某品牌裤装专卖店中，一位顾客多处徘徊，虽然观看了不少商品，但是依然犹豫不决。这时店铺导购员上前讲道：“先生，如果喜欢，您可以试穿一下。”顾客无动于衷，继续挑选商品。导购员继续讲道：“这条裤子是我们店刚刚进购的最新款，销量一直不错，欢迎试穿。”

顾客对导购员报以微笑，但是仍然没有试穿而是走到了其他商品面前。导购员继续推销：“这件也不错，应该非常适合您，您可以试穿下看一看

效果。”

顾客摇摇头转身离开了店铺。

错误开场白

- 先生（女士），如果喜欢您可以试穿一下。
- 欢迎体验我们店铺的最新款。
- 您可以随便看。

威尔浪经验分享

以上三种开场白是目前服装销售市场中最常见的开场方式，同样这也是最没有营销效果的开场方式。究其原因并不是单纯因为顾客对千篇一律的开场白产生了麻木感，更因为这些类似的开场白对于顾客而言大多是废话，毫无帮助。

无论是“欢迎试穿”，还是“请您随便看”，对于顾客而言只会起到烦人的效果，而“欢迎体验我们店铺的最新款商品”更是缺乏说服力，毫无理由的推销往往起到不良的消费推动效果。

顾客进店挑选商品，作为导购员需要提供帮助与服务，如果我们的表现让顾客感觉这类导购员可有可无，根本无法提供有见地的意见，那么顾客则不会产生强烈的消费欲望。

情境案例二

某品牌裤装专卖店内，一位顾客进门后导购员上前进行服务，而顾客却讲道：“我喜欢一个人安静地购物，不要打扰我，有什么需要我会叫你。”听到顾客这样讲，导购员回答道：“好的，先生，您随便看。”随即到一旁不再理会顾客。

错误开场白

- 好的，先生（女士），您随便看。

• 好的，先生（女士），如果您喜欢可以试穿。

威尔浪经验分享

以上两种开场白虽然看似没有问题，但是对于顾客而言却有一定的负面影响。顾客不希望被打扰，但是并不代表顾客不需要导购员的服务。

如果我们的导购员按照以上两种方式回答顾客，那么顾客心中会产生一丝被冷落的情绪，很有可能随便看看便离开店铺，即便是看到心仪的商品也有可能转身到其他店铺中购买同款。

作为导购员，我们一定要清楚自己的职责，对待任何客户都应该提供到位的服务。如果我们放任顾客独自购物，就是我们的失职。在以上这种情况中，我们可以回答：“先生，购物不仅需要观察商品的外表，更重要的是了解商品的内在，您说不是吗？我们不会打扰您购物，不过只要您有需要，我们一定会及时提供各种服务。”

这种情况下，导购员虽然不能主动服务，但是无论顾客怎样讲，我们都需要保持一种主动的态度，例如，远距离观看顾客，并让顾客感觉到我们的存在，注意观察顾客的每一个动作，不要等顾客呼唤我们，而是通过观察，在顾客需要我们的时候及时出现。

威尔浪好开场导购员指导方案

好的开场白不仅是打开营销大门的钥匙，更是和顾客拉近距离的主要工具。威尔浪通过对顾客购物思维进行缜密分析后，总结得出：任何消费者在进入一间店铺之后，都会保持一定的警惕心理，在这种心理下导购员的任何推销行为都会被顾客轻易察觉，且多数人表现出抵触情绪。

所以，在威尔浪店铺当中，我们要求每一位导购员在初步对顾客进行销售服务时，避免任何推销行为、推销话语，给予顾客最贴心的服务。

对于导购员而言，面对一位陌生的顾客，我们首先需要做到的是站好位、管好嘴，不是急于进行营销，而是先进行铺垫，后进行改善，最后推销商品。只有我们明确了这三个步骤，我们才能讲出优质的开场白。

所谓先进行铺垫是指营造氛围、拉近距离、展现服务。在全国知名的火锅连锁店海底捞店内，任何一位顾客进店后导购员绝对不会询问“先生，您用餐吗”或者“先生，请问您要吃点什么”等类似的废话，而是先帮助顾客清扫衣服上的尘土，或者接过顾客刚刚脱下的衣服挂起来。随后讲到一些类似“今天天气不太好，辛苦您大老远光临我们店”的话语。

在这种氛围下，顾客很快会产生一种类似回家的感觉，与导购员之间的距离自然会亲近不少。这样的开场白正是遵循了先铺垫的原则，既营造了氛围，又拉近了距离，而且体现了高品质的服务。

后进行改善是指在沟通过程中改善我们的语言、服务。营销开场白并不是见到顾客的第一句话，而是第一次完整的沟通。在我们与顾客进行第一沟通的过程中，我们一定要迅速改善自己的营销语言与行为。

例如，当一位沉默寡言的顾客进门后，对我们的问候无动于衷，这时我们则需要及时改善自己的开场白，切忌长篇大论、滔滔不绝，否则会令顾客感觉烦躁。针对这种顾客，我们可以选择将语言开场白改善成为行动开场白。简短的问候语过后，为顾客提供热情的服务，及时简单介绍店铺商品摆放情况，并帮助顾客挑选商品，等等，这些行为就是我们的改善动作。

最后，推销商品。商品推销并不是不能出现在开场白之内，而是应该在恰当的时机带入。这需要营造好营销氛围，改善完营销策略之后，再进行商品的推销。也只有在这种前提下，商品的营销才更容易开展，导购员的营销能力才能得以发挥。

销售是一门高深的学问，而良好的开场白是成功销售坚实的奠基石，不要让自己与客户相互对立，站在客户朋友的角度往往比站在对立面更容易获得成功；抛弃根深蒂固的传统营销观念，不断创新我们的销售意识，并主动将销售向前推进，将顾客的借口变成说服顾客的理由，这才是超级卖手的成功之道，这才是威尔浪的销售特色。

好眼光：一眼看穿顾客心理和需求的业绩法则

威尔浪在培养超级卖手的过程中，会向每一位导购人员强调一种观念：“身为专业的导购人员，如果我们不能站在消费者的角度思考问题，那么我们将永远无法获得成长。”

其实对于导购员而言，这是一种常识，然而这种常识往往没有得到足够的重视。就目前中国销售市场而言，大多数导购人员仍然喜欢站在自身的角度来为消费者服务，这就导致很多导购员无法第一时间察觉顾客的心理与真实的需求。

所有人都有过购买商品的经历，在这一过程中我们的心理会发生微妙的变化，而这一系列的变化决定着我们的消费行为。多数导购人员会忽略这一过程，认为消费者的购买欲望完全是由商品价格、商品品质决定的，其他因素完全可以忽略不计。这种幼稚的销售心理代表着导购员缺乏独特的好眼光，很难一眼看穿顾客的内心，掌握销售的主动权。

情境案例一

某裤装店铺内，一位顾客进店后四处观望，导购员马上开始跟踪服务，在顾客驻足观望时讲道：“先生，您的眼光真好，如果您感觉可以，我建议您试穿一下，这样才能够更了解这件服装。”

顾客虽然看似心动，但是看了一眼价格后又转到其他商品面前进行观望选择，而且时不时回头观望一下最初的那件商品。

店内导购员虽然进行了跟踪服务，最终却未能推销成功。

错误行为

- 未能观察到客户观察价格时的表情。
- 未能及时看透客户的心理。
- 未能根据客户表现选择恰当的推销方式。

威尔浪经验分享

身为专业的销售人员，好眼光是必备技能之一。如果我们不能在顾客进店前后短暂的时间内把握住客户的内心，那么销售结果必然不会理想。

威尔浪在培养超级卖手过程中，会为每一位导购人员重点强调一种观察方法，这就是观察顾客选择商品过程中的表情与眼神，从中领悟顾客的内心想法。案例中，如果导购人员能第一时间发现，这位顾客其实非常喜欢最初看到的商品，只不过价格无法接受，内心充满犹豫与不甘，那么推销行为会很容易成功。

我们可以选择两种方法进行推销。

第一种，推动消费者购买心理，促进购买行为。我们可以着重介绍这件商品的性价比、品质以及档次，然后采用附赠小礼品的方式令顾客产生更强烈的购买欲望。

第二种，以顾客看上的商品为话题，介绍其他商品。我们可以对顾客讲："我们店还有一款与这条裤子款式相同，价位稍稍偏低的商品，您可以看一看，如果有兴趣您可以试穿，看一下效果，而且这条裤子的性价比更高。"

这两种行为都代表导购员拥有一定的眼光，而这种眼光恰恰是通过站在客户角度思考得来的。

20世纪40年代，美国八大财团当中的摩根财团还是一家小杂货铺的时候，好眼光就成为了老摩根的销售利器。当时从欧洲来到美国的老摩根生活十分窘迫，一条裤子穿了整整一年半的时间，经过一年多的闯荡，老摩根和妻子终于开了一家属于自己的小杂货店。

这家位于贫民窟的杂货店赢利十分微薄，很多人对老摩根的杂货店不抱任何希望，而老摩根自己却不这样认为，他认为只要自己肯动脑，就一定可以卖好东西。

有一次，一位顾客到杂货店中买鸡蛋，老摩根为了快些做成这笔生意，用自己的大手一次抓了四个鸡蛋，帮顾客装进包装袋。没想到老摩根的举动引起了顾客的不满，顾客说道："看来你家的鸡蛋太小了，居然一次可以抓四个，算了，这样的鸡蛋我不买了。"讲完顾客转身便走了。

老摩根不禁呆在了一旁，并且对这位顾客产生了厌恶的感觉。可是，老摩根转念一想，如果自己是顾客的话自然也不喜欢买太小的鸡蛋，顾客的要求完全合理。根据这一点，老摩根决定以后将装鸡蛋的工作全权交给妻子处理，因为妻子的手指细小可以将鸡蛋衬托得略大一些，而且老摩根告诉妻子，无论多么着急，鸡蛋每一次只能抓一个。

正是由此开始，老摩根的独特眼光开始发挥巨大作用，他可以针对消费者的每一个动作、每一个眼神把握购买动机，并配合巧妙的推销方法及时满足顾客的心理需求。老摩根的独特眼光使摩根家族最终成为美国名列前茅的"金融大家族"。如今，这种好眼光已经成为了摩根家族、摩根企业的特色，而好眼光的作用也被商业人士越发重视。

威尔浪好眼光导购员指导方案

作为威尔浪的导购人员，我们必须明白顾客内心的真实想法，也只有明白了这些真实想法，威尔浪的销售成绩才会直线上升。现在，我们与大家一起分享一些多年来威尔浪总结而得的消费者购买心理。

1. 求新心理

求新心理是目前消费者主流的购买心理。因为当代消费者大都在追赶潮流，新颖、潮流等元素成为了消费者的主要购物标准。在这种前提下，消费者的价格上限、品质要求都会受到一定影响。所以导购员在推销过程中，需要观察消费者的穿着，从中总结出消费者是否具备求新心理。

2. 求实心理

所谓求实心理是指消费者购买商品不仅注重外在美观、新颖、潮流，更注重商品的实际使用价值。就裤业商品而言，消费者的求实心理主要针对裤装的颜色、质量、穿着时间以及洗涤时的注意事项等，所以当消费者问及这些问题时，代表这些消费者具有求实心理，我们需要重点突出裤装的性价比、耐穿性等，以此刺激消费者的购买欲望。

3. 求低心理

所谓求低心理则是指消费者追求低廉价格的心理。这种心理与消费者自身的经济实力并无太大的关系。在当今时代中，大多数消费者都具备了一定的经济实力，因此购买商品时追求低廉价格大多会存在其他因素。例如，有些消费者购买裤装只是为了满足一定的场合要求，而不是为了长久穿着，针对这种情况，消费者则会强调价格低廉。

所以，在与消费者的沟通过程中，导购员可以通过侧面询问方式了解消费者的真实需求，并确定消费者是否具备求低心理，以便进行良好的推销。

4. 跟风心理

所谓跟风心理是消费者普遍存在的心理，当我们看到身边的人穿着某种款式的衣服比较美观时，则会跟风购买类似的衣服。这种心理是目前大众惯有的消费心理，只要导购人员具备一定的眼光，很容易了解到客户的跟风心理。

例如，在与顾客沟通过程中，我们可以了解到顾客的一些偶像、一些喜好。然后在这种基础上，我们采用“这一款商品与XX明星同款”等推销方式，增强我们的销售效果。

好眼光并不是单纯依靠眼睛看到的东西对消费者的内心进行猜测，而是通过沟通、观察、思考之后获得一些总结与感悟。对于威尔浪而言，这些方式都是超级卖手必须养成的职业习惯，更是我们提升自己，自我超越的必备措施。

好展示：从“货比三家”到“放心消费”的业绩法则

如果说导购员是店铺的眼睛，那么产品展示则是店铺的脸面。一系列优秀的商品展示不仅可以起到吸引消费者的作用，更可以引导顾客从“货比三家”到“放心消费”。在威尔浪的导购人员必备能力当中，商品展示是一项必备能力，也是我们重点培养的能力。

著名服装品牌阿玛尼的发展之路恰恰是源于商品展示能力。20世纪60年代，意大利米兰时尚设计大师乔治·阿玛尼还是一位裁缝的时候，他在一家百货公司担当橱窗设计师的职务。有一次阿玛尼突发奇想将一件衣服用图钉钉在墙上，摆出了一副造型，为顾客进行全新的视觉展示。

结果这种展示效果出现后，阿玛尼橱窗的商品一下子获得大卖，由此商品展示这一理念受到关注，这也奠定了阿玛尼成为世界著名奢侈品品牌的基础。

这则真实的故事告诉我们的不仅仅是商品展示的起源，更是商品展示对销售的重要作用。威尔浪总结了多家知名服装品牌、多位服装大师的成功经验后，发现商品展示是不可忽视的销售元素，更是超级卖手应该培养的销售能力。

情境案例

某裤装店铺门前，各种高品质商品充斥着过往人群的眼球，店铺的橱窗内，每日一换的模特服装更是让这家店铺成为大众眼中的高档服装店。

然而，大多数走进这间店铺的消费者都未能购买到理想的商品，以致这家看似高档的店铺销售业绩甚至不如其他中档店铺。

错误展示

- 门店前只展示高档产品，对消费者产生了定位误导。
- 橱窗展示更换虽然频繁，但是档次没有出现变化，令人感觉乏味。
- 内在展示与门前展示存在差异，导致消费者未能找到理想的商品。

威尔浪经验分享

优秀的商品展示并不等于片面展示，目前国内裤业市场中，很多企业、店铺都在犯着相同的错误，将店铺的全部高档商品放在门前与橱窗内，导致消费者对这家店铺产生定位误区，而进入店铺内却发现内部展示远没有想象的优秀，最终失望而归。

威尔浪认为，作为优秀的导购员，在进行商品展示的过程中，应该突出的是商品的特色、商品的风格、商品的内涵，而绝非商品的等级。如果我们将所有高档商品当作店铺的脸面，摆放在门前与橱窗内，那么消费者会根据商品展示等级定位店铺的消费水平。而高消费水平的顾客进店后发现，我们的内部商品并非橱窗、门前展示的等级，则会产生情绪落差，大大降低购买欲望，这也解释了为何案例中的店铺销售业绩如此低迷。

威尔浪好展示导购员指导方案

商品展示看似是一个非常简单的问题，其实蕴涵着多种因素。其中包括企业形象、店铺定位、商品品质、价格等级以及员工修养等各种元素。在某种程度上，良好的商品展示可以充当最有力的导购员，同理这也是导购员自身销售能力的一种体现。在无声的环境中，让商品自己销售出去，无疑是导购员实力的一种体现。

威尔浪通过多年的销售经验，总结得出，导购员良好的商品展示能力需要以下几点要素。

1. 消费者的视觉焦点

所谓视觉焦点是指商品对消费者产生的吸引力。这并不需要商品展示的搭配多么完美，只需要在展示过程中某一元素、某一点令消费者有所感触，则会产生吸引力。

作为导购人员，我们要懂得商品展示同样有层次感，最先吸引消费者注意的视觉点便是焦点。视觉焦点一般是商品的特色之处，这种特色包括样式、颜色搭配、服装搭配、个性穿着等因素。如果我们能够将这些因素作为焦点突出，那么商品本身会为我们招揽更多的顾客。

威尔浪商品陈列法则：在店铺的门前、正墙、橱窗内做好明显的品牌标识，在展示商品的同时一定要突出品牌。另外，商品展示尽量避免色彩单一，强烈的对比和突出的色彩是吸引顾客的优秀展示方法。最后，商品展示注重搭配，即便我们是专业的裤装店铺，也可以搭配出优秀的展示方案。例如，我们可以利用多条裤装摆成个性的形状，或用裤装折叠为上衣，这些方法都是导购员应该熟知的商品展示方法。

2. 明确分类展示特色

虽然我们强调搭配展示需要个性鲜明，但是必须保持一定的原则，拥有一定的实用性，即任何搭配需要我们按照款式、色彩、主题、季节等元素进行分类搭配，一定要避免不伦不类的混搭。

例如，某些羽绒服品牌店中会在橱窗的模特身上用短裙搭配羽绒服，但是我们可以看到的是，无论裙子多么“迷你”，一定会是保暖的皮裙或棉裙，绝对不会出现纱裙搭配的情况，这就是一种原则性搭配，虽然有鲜明的对比，但是符合现实要求，有一定的实用性。这种搭配正是明确了分类的展示特色。

3. 商品展示要符合比例

商品展示的比例包括商品搭配比例、商品档次比例、商品类型比例、展示面积比例。

其中商品搭配比例的原则是突出推荐商品的特色。以我们裤装商品为例，绝对不可以在橱窗内搭配风衣进行展示，否则我们的商品会被喧宾夺主，消费者眼中看到的只有风衣，我们的商品会被忽略。

商品档次比例是指店铺门前、橱窗内展示的商品档次比例必须均衡，切忌出现单一档次商品独占展示空间的情况。正如我们案例中分析的一样，如果单一产品占据展示空间，则会对消费者定位产生误导，从而影响我们的销售情况。

商品类型比例是按照店铺特色、主题进行分配的，以威尔浪销售店铺为例，我们的展示空间中会主打威尔浪的经典产品与最新产品，这不仅突出了威尔浪品牌，更彰显了我们的特色和个性。在这种情况下，消费者会对店铺产生准确定位，并在最短时间内从中挑选出符合自己需求的商品。

展示面积比例是指展示空间与店铺整体面积的比例。有些店铺受格局影响，展示面积过小，那么在这种情况下我们应该怎么合理地进行商品展示呢？在这里我们需要牢记一点，切忌因为展示空间过小而进行堆积式商品展示。大量商品堆积在狭小的展示空间内，不仅无法产生展示效果，而且会对消费者内心产生负重感，这是服装销售行业的大忌。

最好的展示方法则是定期更换展示商品，在有限的空间中利用时间的辅助达到我们想要的展示效果。

商品展示对于所有导购人员而言都是一门学问，我们分享、学习的展示经验极为繁多，在这种情况下威尔浪教导自己的每一位销售人员要懂得在工作中积累、感悟、总结，实战才是我们产生展示灵感的最好途径，也只有在实践中我们才会获得更多的提升。重视商品展示能力的培养，会为每一位导购人员带来更大的收获。

好服务：门店服务细节的业绩法则

俗话讲："人无笑脸休开店。"这句话不仅适用于常规的小型个体店铺，同样适用于连锁模式的大型企业。作为一家店铺的经营者，如果没有令顾客如沐春风般的服务态度，是很难有所发展的。

多年的裤业经营经验告诉我们，无论是多么微小的一个销售终端，都需要配备专业的服务系统。我们的每一个销售人员都需要具备专业的服务理念，只有服务到位了，销售、发展、赢利才会随之到位，这是不变的经营哲理，更是威尔浪发展过程中的重要原则。

近年来，虽然销售服务的重视程度被大多数企业、店铺提升到了一个全新的高度，但是就目前中国服装市场而言，销售服务仍然有待提升。很多企业、店铺虽然明白服务的重要性，但是就提升方法而言，缺乏有效的方式、方法。

情境案例

某裤装店铺门前，导购员A非常亲切地招呼一对夫妇进店挑选商品。过程中无论顾客观看哪一件商品，A都会讲："先生您太有眼光了，这条裤子是我们店新进购的商品，属于今年最流行的款式，您穿上一定非常棒！""先生，您看的这件也非常适合您，不妨试穿一下，相信效果肯定不错。"

错误服务

- 服务过于热情，给顾客带来了心理压力。
- 服务语言过于单一，令人感觉乏味。

● 服务性质存在问题，类似的服务可以看作推销，称不上销售服务。

威尔浪经验分享

作为专业的导购人员，我们一定要懂得销售服务的含义。首先，虽然服务的最终目的仍然是提高销量，但是服务绝对不等同于推销，服务是在商品固定价值之上，增加附加价值；其次，服务的最终目的是提升销量，但是第一目的却是令顾客感觉到舒服，得到帮助，所以服务要真实且有度；最后，销售服务的作用有两点，除去提升销量之外，还有关键的一点则是与顾客保持长久联系，拓宽店铺的未来销量。如果我们没有意识到这一点，那么我们的店铺、企业则很难有所发展。

例如，有些导购员为了提高自己的业绩，喜欢软磨硬泡式的推销服务，从顾客进门后便开始各种推销与督促。一些顾客为了避免烦人的服务，在不得已的情况下购买了商品，但是这些顾客心中却没有获得满足，而是产生怨恨，在这种情况下“一锤子”买卖便产生了，店铺、企业的未来发展同时堪忧。

威尔浪好服务导购员指导方案

威尔浪在培养优秀导购员的过程中，不仅针对导购员的专业销售技能进行培训，同时会着重培养导购人员的职业素养。我们要求，身为威尔浪的导购人员，首先在服务中不能为顾客增添任何负面情绪；其次，我们的服务不仅要专业，更要真实、有效；最后，无论我们的服务是否转化为销量，服务一定要有意义，即顾客对我们的服务给予肯定与正面的评价。

其实，做到这三点并不困难，只要我们了解了销售服务的关键点，便可以结合这些关键因素，总结出符合自身特点，符合企业、店铺要求的高档服务。

1. 销售服务要具有主动性

其实，大多数导购人员是可以做到主动的，但是其中大部分人是在主动推销，而不是主动服务。

主动推销与主动服务最大的区别在于推销痕迹是否明显。主动推销的导购员在服务过程中，三句不离销售；而主动服务的导购员则会对销售只字不提。事实上，往往后者更容易提高销量，原因非常简单，正是因为销量对于优质服务而言是一种水到渠成的结果；而主动推销则成为了一种强扭“甜瓜”的行为，或者毫无结果，或者瓜苦不堪。

2. 销售服务要具备专业性

所谓专业性必然是指导购员对商品等相关知识的了解。现代市场中类似“今年最流行的款式”“新进购的国际商品”等词语已经毫无新鲜感可言，类似的话语也无法产生任何可信度。针对这种情况，我们就需要体现服务的专业性。

例如，当我们为顾客形容一条裤子穿着得体、大方美观时可以说：“这条裤子的腰节是按照欧式风格设计的，穿起来更具绅士风度；前片设计风格虽然属大众化，但是配合着斜裤兜、偏裤缝线，看起来会更加笔挺；而后片的设计十分人性化，在选用了加厚布料的基础上又将后臀部的口袋拉长，如此便增添了耐磨性，我们坐的时间再长、次数再多裤子也不会显旧。”

类似这样的专业术语可信度会更高一些，但是切不可讲过于专业的名词，以避免顾客认为我们在进行“忽悠”。

3. 销售服务要张弛有度

所谓张弛有度是指在热情、主动服务的基础上，给予顾客最大的自由与空间。在这里我们要切记一个观点，就是服务过程中不要打断顾客讲话，更不要否定顾客的意见，同时营造一种“有话请讲”的服务氛围。

在现实生活中，由于“过分热情”而吓走顾客的情况已经屡见不鲜。在避免这种情况发生的前提下，我们还需要避免两种情况，第一种是打断顾客讲话。很多导购员在听到顾客表达购买意愿后会表现得十分急迫，不停地向顾客灌输商品十分优秀的思想，以求稳固顾客的购买行为。

在这种情况下，我们就容易打断顾客的讲话，尤其是当顾客提出一些对商品的异议或者不满时，很多导购员会直接打断顾客，马上讲道：“不会的，您选的这件商品绝对不会出现类似的情况。”

这种错误的行为往往会引发顾客的质疑，顾客会思考：“你们凭什么断定这件商品不会出现我担忧的情况？”最后很有可能在这种思考的过程中，放弃购买行为。

威尔浪针对这一情况曾明确教导自己的导购人员，销售服务不可急躁，我们任何时候都应该平静对待。当顾客提出异议或者某种担忧时，我们完全可以询问顾客原因，为何会产生担忧与疑虑。当我们了解了原因后，便更容易帮助顾客解决问题，促进销售的成功。

另外，第二种情况便是否定顾客的观点。作为导购员，千万不要轻易否定顾客的观点。即便顾客表达的观点存在问题，我们也不能直接否定，而是通过细化服务扭转顾客的想法。

例如，顾客试穿某件商品后效果非常好，但是却提出某些细节感觉不满意。这个时候我们首先需要做的并不是与其争论，而是深度思考。或许客户是对商品的价格有意见，又不便明讲，故转移话题。这种情况，我们需要进行细化服务，即在不否定客户观点的前提下，利用商品的其他优势扭转顾客的想法。

例如，顾客对商品价格不满意，又不便明说，便声称效果不理想。我们可以回答：“这件衣服或许没有想象的那么完美，但是非常符合您的身材与气质，虽然价格稍稍偏高，但是性价比更高，您可以与其他商品对比一下，我个人感觉还是这件商品最适合您。”

通过细化服务对顾客心理进行巧妙地安抚，是我们张弛有度的服务的主要原则之一。

以上三点是威尔浪培养导购人员服务能力的主要方法，这是威尔浪从事裤装销售多年来总结而得的服务经验。对于每一位导购人员而言，这些经验是提升服务质量的基本原则，也是我们增加销售业绩的主要工具。我们一定要牢记，服务是门店销售的业绩法则，从根本出发，从细节出发，提供到位的服务，我们一定会成功。

好配合：赢在团队的业绩法则

在威尔浪的专卖店中，有一种景象是在其他店铺无法经常见到的，这便是导购员之间的配合营销。相信很多人会对此感觉奇怪，虽然导购员之间属于同事关系，但是各自的业务区域分工明确，且每位导购员的销售业绩与收入提成直接挂钩，所以配合营销往往是很难见到的。

然而在威尔浪的专卖店中，配合营销属于我们的本职工作。威尔浪倡导团队销售理念，通过培养业务纯熟的导购员，并将其打造成为拥有系统销售流程的营销团队，以此来提升威尔浪的整体销售业绩。

在中国的销售市场中，团队营销还属于大多数企业的薄弱环节，虽然很多企业、店铺已经意识到导购人员之间的相互配合对企业销售业绩起着极其重要的作用，但是缺乏系统的指导流程、明确的指导方法，导致现在大多数企业、店铺的导购人员之间无法达成默契的配合，销售业绩也只能依靠个别能力突出的导购员来提升。

情境案例

某品牌裤装门店内，一位顾客正在挑选自己喜欢的商品。这位顾客在休闲西裤和传统西裤两种商品前不断徘徊，犹豫不定。这时，负责休闲西裤区域的导购员热情讲道："先生，看您的身材适中，体态匀称，如果能配上这种休闲风格的裤子必然可以更加衬托您的气质。您考虑是不是试穿一下，看一看效果呢？"

顾客试穿之后感觉效果不错，但是好像对传统西裤也比较喜爱，于是决定再试穿一条传统西裤进行对比。当这位顾客试穿好传统西裤后，负责传统西裤的导购人员在一旁夸道："先生，您这身材、体态太适合这种款式的裤子了，穿上这款裤子，成功人士的气质更加凸显。”

顾客听后产生了思考，两人都在拿自己的身材、体态、气质做文章，而且所讲的话十分相似，看来两人没有给自己真实的建议，还是换一家店铺看看为好，于是转身离去。

错误配合

- 当顾客由店铺内一个区域转移到另外一个区域时，负责当前区域的导购员应该跟随服务，而且与另外一个区域的导购员进行短时间的同时服务，切忌“各扫门前雪”。
- 店铺导购员之间，应该进行整体的营销技能培训，相互之间应该多交流多借鉴，切忌所有人使用单一方法营销。
- 导购员之间应该形成一种协助关系，具体体现为相互帮助，切忌相互猜疑，相互抵触。

威尔浪经验分享

从威尔浪自身角度出发，良好的营销团队可以为威尔浪提供实力雄厚的销售队伍，增加团队内部的运作效率，增强市场竞争力，赢得更好的口碑。从导购员的角度出发，团队配合营销可以加大营销成功的概率，提升店铺整体的销量，最终提升自己的收入。

这种互利互益的营销方式需要企业、店铺对导购人员进行明确的指导，纠正导购员的错误思想，让所有人明白，团队营销是一种共赢的营销方式，并非限制我们收入的障碍，只有团队营销发挥最大作用，所有人才会受益。

威尔浪好配合团队指导方案

无论打造怎样的营销团队，首先需要我们提升团队内每一位导购人员的个人能力，并最大化激发其特长，随后才能集众人之所长，补各自之所短，组建出具有雄厚实力的营销团队。

威尔浪在营销团队打造过程的实践和观察中发现，要组建一支优秀的营销团队，使我们的每一位导购人员之间可以默契配合，不仅要依靠导购人员的个人能力，企业、店铺给予的及时指导更为重要。

例如，有些优秀的导购人员个人能力十分突出，销售业绩也十分惊人，但是却无法融入集体，不仅无法与其他导购员相互配合，甚至会影响他人的发展，争抢他人的业务。

目前，很多企业、店铺中存在类似的现象。面对这种情况，大多数企业、店铺会做出以下两种反应。第一种是奖励这位能力优秀的导购人员，以求激励其他导购人员自觉提升；第二种则是让能力优秀者分享自己的经验，让其他人进行学习模仿。

这两种方法中，前者不仅无法起到良好的激励效果，而且有可能引起其他导购人员的不满，导致企业、店铺内部出现恶性竞争。而后者虽然可以提升导购人员的个人能力，但是对于组建营销团队而言毫无帮助。

最佳的做法是以能力强者为核心，建立最强的营销团队。管理学界有一个著名的管理寓言：一只狼带领一群羊能够打败一头羊领导的一群狼。道理非常简单，但是很多人却无法领会其中的含义。

打造优秀营销团队，培养导购人员之间的默契配合的主要原则之一：找准领头人。

威尔浪的每一个专卖店中，都有一只狼，而且这只狼的任务就是把羊群转化为狼群。一个销售团队不一定要有一位专业的管理者，但是一定要有一名合格的领导者。明白了这个道理，我们就会明白为何很多店铺一年更换五六个店长却依然无法改善销售业绩。

合格的领导者不仅需要自身有强劲的实力，还需要对店铺、各导购人员有足够的了解。这种了解是打造团队的基础，即便领导者与导购员之间存在某种隔阂和矛盾，只要我们培养好领导者，就可以打造优秀的团队。

打造优秀营销团队，培养导购人员之间的默契配合的主要原则之二：有领导，有框架。

所谓框架是指除领导者之外的精英人士。精英人士的作用并不只在于提升销售业绩，辅助领导者培养每一位导购员的能力更是重要任务，而领导者则需要在这一基础上，协调好导购员之间的关系，打造更完整的团队。

打造优秀营销团队，培养导购人员之间的默契配合的主要原则之三：恰当的方法。

威尔浪多年的营销团队打造经验告诉我们，优秀的营销团队需要恰当的方法打造，在这里我们为大家分享三个主要方法。

1. 导购员之间的竞争应以能力为主，而不是业绩

即导购人员的考核不仅仅依靠业绩，还需要考察导购员的综合能力。

当店铺内某位导购员当月销售业绩喜人，而另外一人业绩平平，这并不能成为评判两人能力的依据，我们还需要思考其他因素。例如，让两人对换负责区域，过一月后再进行考评，则可以更真实地体现出两人的真实能力。

实力相当的导购员应该被安排到公平的位置，让其进行竞争，并激励对方，这才是打造营销团队的正确方法。

2. 制订导购员之间相互配合、相互帮助的方法与制度

受业绩提成影响，很多导购员难以形成有效的配合与帮助关系。其实我们只需要明确一个观点即可，这便是辅助导购是一种互利互益的行为。相互帮助可以提升营销成功率，这可以在团队内部形成一种良性循环，即顾客进门会有专业的服务小组或服务团队接待，无论顾客购买哪种商品，成功率都会大幅度上升。

3. 领导者要及时弥补团队不足

在营销团队中，领导者的主要工作是领导与完善，而不是管理，所以我们需要领导者及时发现团队不足，并用有效方式完善团队。

领导者切忌就团队不足进行简单的批评，而应该在批评过程中提出有效的改善方法，以此确保团队的提升速度。

我们可以看到，在中国市场中，无论哪一个行业，优秀企业中必然存在专业的营销团队，而以个人销售为基础的企业则无法发展壮大，这种现象告诉我们好配合是营销团队的业绩法则，只有配合好营销才会成功，只有配合好个人才得以成长。

好连带：让业绩翻倍的业绩法则

作为驰骋在中国销售市场中的精英人士，我们一定听过这样一个故事。

一位来自乡村的推销员到一家百货公司应聘销售员，公司经理非常轻蔑地对这位推销员讲："我们公司是全市的知名企业，在这儿的每一位员工都受过高等教育、拥有雄厚实力，你觉得自己有哪些特长，可以应聘我们公司的职位？"推销员回答道："过去我曾在乡村挨家逐户地去推销过产品，相信我很快可以适应这里的工作，请您给我一次机会，如果您觉得我不够优秀，可以随时辞退我。"

百货商场的经理虽然不情愿，但是还是留下了这位推销员。

上班第一天，经理下班后把推销员叫到了自己的办公室。经理问道："年轻人，你今天的工作成果如何？"

推销员回答道："完成了一单交易。"

"一单？你真的确定自己有工作经验么？我们这里任何一个销售员的日均工作业绩也没有少过30单，好吧，告诉我你这单交易的金额是多少？千万不要告诉我你只卖掉了一枚鱼钩。"

"50万元。"

"什么？50万？你不是开玩笑吧？"

"当然不是，先生，而且我恰恰是从卖鱼钩开始的。"

"开始我向一位顾客推荐了一枚小号鱼钩，后来又推荐中号的，然后是组合钩、鱼线、鱼竿……，后来我推荐他买一艘小渔船。当这位先生买完渔船后发现自己的车拉不动渔船，于是我又带他买了一辆马力足够的汽车。"

"你是怎么做到的？你确定这位顾客是来买鱼钩的？"

“不，先生。这位先生的妻子在楼下做美容，而他只是无聊的时候随便走走，在我与他攀谈的时候我告诉他，他的妻子美容至少需要半天的时间，傻傻地等在这里太浪费了，离我们商场不远就是海边了，为什么不去钓鱼呢？”

对于销售人员而言这是一个非常熟悉的故事，同样这也是威尔浪在培养超级卖手过程中必然会讲到的一个故事。虽然这则故事中有些许夸张因素，但是我们从中可以了解到这样一个真理——销售的最终目的并不是我们满足了顾客多少需求，而是我们挖掘了多少潜在消费需求。这种挖掘的力量被称为连带营销，而这种能力恰恰是威尔浪要求每位导购员必须具备的。

情境案例

某品牌裤装专卖店内，一位顾客讲道：“这条裤子虽然我很喜欢，也很适合我，但是款式太正式了，不太适合出席一些轻松的场合。”

店铺导购员马上回答道：“先生，这条裤子您穿上后效果非常棒，而且裤子虽然款式比较传统，但是面料松软，穿起来一定非常舒服，您到任何场合都不会受到影响的。”

错误销售

- 否定了顾客的观点，认为这条裤子适合出席轻松场合。
- 未能及时抓住机遇向顾客推销连带商品。

威尔浪经验分享

很多时候，我们可以通过深度挖掘，刺激顾客的潜在消费欲望，而且我们可以利用连带商品满足顾客的各种需求，关键在于我们是否第一时间捕捉到了推销的机遇，以及我们是否了解连带营销的方式与方法。

对于威尔浪而言，连带营销可以大幅度提升我们的销售业绩，同时可以拓宽我们的销售市场。然而并不是所有导购员都可以熟练地运用连带营销，我们需要把握一定技巧，才能够利用连带营销成就自己。

威尔浪连带营销指导方案

很多导购员认为，连带营销是一种可遇不可求的偶然状况，只有顾客需求量大时我们才能够一次性推销多件商品。其实，只要我们了解连带营销的基础、连带营销的方法以及连带营销的技巧，便可以从大多数顾客中挖掘更深的消费潜力。

连带营销基础：所谓连带营销的基础，是指导购人员需要一定的专业基础，对自己的所有商品有足够的了解，然后根据商品的优点、特点进行总结分类，在顾客购买其中一件商品时及时推销相关系列的其他商品。

以国际市场中极为经典的“吉列商业模式”为例，吉列的商业模式是利用廉价的剃须刀架配合昂贵的剃须刀片长期获利的商业模式。我们则可以把吉列的商业模式看作一种连带模式，而且是基础的连带模式。

因为当我们轻易购买了一种商品后，必须配备其他商品才能够正常使用时，我们几乎都会愿意付出更多代价获得这种连带商品。这就是连带营销的基础，也是我们惯用的连带营销方式。这同样解释了为何有些品牌裤装店中会廉价出售皮尔·卡丹腰带。

连带营销的方法有很多种，威尔浪通过对连带营销的性质、特点进行总结分类，将连带营销总结为三种方式。

1. 功能性连带营销

例如，腰带连带裤装、领带连带衬衫等，这种功能相互影响、相互促进的商品大多会被连带销售。

2. 需求性连带营销

以开篇故事中推销员连带销售汽车为例，小渔船与汽车之间虽然没有功能性的连带关系，但却有需求性的连带关系。因为渔船需要汽车的托运才能够到达海边。

3. 配合性连带营销

所谓配合性连带营销是指不同商品通过搭配增进销售效果的连带方

式。例如，裤子搭配衬衫、耳环搭配项链，等等。

以上三种是威尔浪多年连带销售经验总结而得的商品连带关系，而当我们清楚了这些关系后，便可以将不同的商品进行连带推销，同时利用连带商品满足顾客的种种需求。

掌握连带营销的技巧首先需要我们遵循一个原则，这便是不要让顾客察觉到我们在连带营销，而是在为他们提供销售服务。例如，当我们连带营销多件商品后，顾客猛然察觉自己购买的商品太多了，于是准备放弃其中的一部分，这时我们需要及时安抚顾客的内心，可以对顾客讲："这些商品都是百分百满足您需求的，而且这些商品至少保证您半年内无须再浪费时间逛街购物了，您可以想一想这几件商品对于半年时间而言根本不算多，只是您提前准备好了而已。"

另外，连带营销技巧还有另外一个重点，这就是与顾客打价格心理战。为顾客推销连带商品时，一定要突出顾客在价格上获得了很大优惠，而且一次性购买这么多心仪的商品是可遇不可求的，及时劝告顾客珍惜机会，以此增加我们连带营销的成功率。

最后，连带营销过程中我们的导购人员切忌频繁推荐连带商品，否则很容易让顾客察觉到我们在连带推销，而应该多采用暗示、旁敲侧击的方式支持顾客连带消费，让顾客主动进行消费行为。这同样是连带营销的核心技巧。

优秀的导购员不仅仅可以把握每一次的营销机会，而且可以令每一次营销机会产生最大的价值。这是所有导购员必修的一门学问，也是平凡导购员成长为超级卖手的必经之路。连带营销是我们日常工作中必须掌握的一门技巧，了解并熟练运用这项能力，会收获意想不到的惊喜。其实，营销并不困难，困难的是我们不懂得营销。威尔浪用亲身经验告诉大家，把握好连带营销，我们可以令企业的发展速度成倍提升，可以令企业的每一位员工飞速成长。

好专业：专业顾问式导购的业绩法则

无论是威尔浪优秀的导购员，还是威尔浪的超级卖手，我们上面的培养策略中都提到过一个关键的词语——专业。例如，专业的服务、专业的推销、专业的形象，等等，这一关键词语不仅代表着威尔浪对营销人员的严格要求，更蕴涵着一种营销方法：采用私人订制式导购方式，必须配备实力雄厚的专业人才。

我们企业、店铺中的每一位导购人员都可以视作连接商品与顾客的重要纽带。这些导购员的形象、语言、服务不仅影响着销售结果，更代表着企业、店铺形象。因此，我们必须要求自己的导购人员具备专业的素质，在营销的全部过程中，为顾客呈现专业的形象，以此打动顾客，引导、服务顾客。

情境案例

某品牌裤装专卖店内，一位职业裁缝来购买商品。这位顾客挑选了几件商品后问道："这种款式的裤子是不是设计存在问题，为何腰长与裤长的比例完全不合乎常规风格，开口止点的位置好像也比较低？"

店铺导购员回答道："先生，这款商品是由我们公司聘请的欧洲设计师设计的，可能风格会与常规西裤有一定偏差，但是绝对不会出现任何质量问题。"

顾客："这与欧洲风格的款式有明显差别啊，你确定不是设计问题？"

导购员："先生，这款衣服肯定没有设计问题，我可以向您保证。"

错误解释

● 在我们缺乏专业知识时，切不可班门弄斧，不要动不动就讲欧洲风格、潮流前沿。

● 虽然导购员不需要对产品设计知识有深度的研究，但是需要有足够的了解，针对顾客提出的专业知识，给予相应的专业回答。

● 遇到问题时不要讲“我可以向您保证”，因为可信度不高。

威尔浪经验分享

专业的导购人员必须具备专业的素养、专业的能力。以威尔浪的导购员为例，我们一定会清楚自己商品的款式、风格以及质量情况。当遇到专业人士提出疑问时，我们可以利用自己所掌握的信息进行应答，而当顾客要求过于苛刻时，我们可以用“商业机密，不便透露”进行抵挡。导购人员尽量避免进行承诺，否则会令顾客感觉我们不够专业，对商品了解不够透彻，无法提供到位的服务。

所谓专业并非要求我们具备多么深厚的知识理念，而是可以将商品的相关信息与销售服务进行巧妙结合。如果我们为顾客介绍商品时按照商品的书面信息原封不动地照搬，顾客会认为我们在故意卖弄，从而产生抵触情绪。专业是指我们可以根据不同顾客、不同商品、不同销售情况采取不同的营销方式，满足客户的需求。

威尔浪好专业导购员指导方案

打造专业的导购员不仅仅需要企业、店铺对员工进行培养，员工主动学习，还需要遵循一定策略与方法。下面威尔浪将自己打造专业导购员的具体流程与大家分享一下。

1. 打造懂得主动推销自己的导购员

威尔浪在打造专业导购人员的过程中，首先会强调一个观念——优秀的导购员首先向顾客推销的不是商品，而是自己。在营销活动中，人要重于商品，因为商品是固定的，而人则是多变的，顾客会因为对某位营销人员产生亲近感而购买商品，但是绝对不会因为某件商品对导购员产生亲近感。所以，威尔浪首先会指导营销人员如何推销自己。

威尔浪营销人员自我推销攻略可以概括如下：

（1）为顾客留下良好的第一印象。良好的第一印象并不是仅仅依靠外貌，更多是依靠表情与态度。除去标准的微笑之外，威尔浪还要求我们的导购人员有亲切的态度，用最温和的语气接待每一位顾客。

（2）仪容仪表。仪容仪表是体现导购人员是否具备专业性的主要依据之一。合理的服装穿着、合格的外貌装扮、真诚的微笑与表情，可以为每一位顾客营造舒适的购物氛围。

（3）恰当的沟通方式。威尔浪告诉自己的每一位导购人员，我们在顾客面前永远处于配角的身份，即无论何时我们都不能让顾客在沟通中感觉到压力。推销商品需要配合顾客的行为、思想进行沟通，切忌滔滔不绝地为顾客介绍商品。

正确的沟通氛围是，在不怠慢客户的前提下，让客户感觉需要我们。这种前提下我们更容易推销自己。

2. 向客户推销需求

很多人对这一点存在疑问，导购员的任务应该是满足客户的各种需求，为何要推销需求呢？

如果我们有这样的疑虑，就证明我们还没有成为专业的导购员。威尔浪多年的销售经验告诉我们，很多顾客虽然来到了我们的门店，但是却不知道自己的真实需求。在大多数顾客心中，只明白自己需要购买某种商品，至于商品的品质、风格、款式都没有明确的需求标准。这时，就需要专业的导购员挖掘客户的真实需求，并向其推销。

以威尔浪自身为例，威尔浪导购人员在接待顾客时不会直接介绍商品，而是与顾客进行攀谈，侧面询问顾客使用商品的季节、场合、时间等，通过对这些信息的了解，总结出顾客的真实需求，并明示顾客，然后根据这些需求推荐商品，服务顾客。

3. 向顾客推销性价比

向客户推销性价比是指在推销商品的基础之上，向客户明示更多的商品附加价值。例如，我们的专业服务，我们的品牌效应，我们的售后服务，等等，这些商品附加价值都是提升商品性价比的关键因素。

在威尔浪中对导购人员有三类评级：

第一类，单纯推销商品的导购员；

第二类，推销商品特点的导购员；

第三类，推销商品性价比的导购员。

这三类导购员当中，前两类是我们重点督促、重点培养的导购人群，同样这也是目前国内销售市场中非常常见的导购员类型。而第三种则是威尔浪中比较成熟的导购人群，并且通过这一人群的努力，威尔浪的发展获得大幅度的提升。

道理非常简单，如果我们单纯地向客户推销商品，或强调商品的某一特点，很难打动顾客，我们只有让顾客感觉物超所值，并且只有在我们的专卖店中才能体会到这种感觉，才能深度地影响顾客思维，才能紧紧地抓住顾客内心。

向客户推销性价比，我们可以从以下两点入手。

（1）把握客户需求要点。即满足客户的最大需求，在这一基础上提供附加价值的升级。例如，客户需要一条美观的西裤参加相对正式的场合，我们在为客户推荐了得体大方的商品的基础上，可以突出商品的其他性价比，如商品质量优良，穿着时间较长，且不容易褪色，或者商品颜色适中，可以搭配多种颜色、多种款式的衬衫，等等。

（2）提升商品利益。所谓提升商品利益并不是单纯地调整商品价格，而是在相同价位区间内，我们给予顾客更多的附加利益，如品牌体验、使用寿命、商品款式等，这些因素都是我们在推销过程中应该突出的重点，可以利用这些重点打动顾客。

专业，并不是任何一位导购人员都可以体现的职业素养。在威尔浪发展过程中，专业一直是我们的主要力量——专业的生产实力、专业的服务系统、专业的营销人员，等等。我们对专业有着与众不同的认知，而且依靠这种认知，威尔浪打造了具有强大后劲和实力的企业，打造了具有美好未来的团队。

好策略：跟顾客“一条心”的业绩法则

在当今国际市场，营销被誉为世界经济平衡的主体杠杆，大多数成功的企业、商家、店铺都拥有雄厚的营销能力，只有具备了这种能力，我们的发展才会呈现出全新的局面。

试想，对于消费者而言，大多数人的消费行为不会存在本质差别，而企业、店铺的销售行为也没有太大差异。在这种情况下，如果我们单纯提升生产力、宣传力，就等同于刻意压榨自己，放纵竞争对手。而如果我们可以令自己的每一位导购人员具备强于他人三四倍的销售能力，可想而知我们将可以获得多么卓越的成就。当我们可以为每一位顾客提供与众不同的营销服务、营销方式时，我们自然也会与众不同。

引领世界走入智能移动互联网时代的乔布斯曾这样营销过苹果笔记本，苹果超薄笔记本刚刚问世时，许多人都在好奇这款产品有何与众不同之处。很多人将关注点放在了商品的性能上，而乔布斯却回复了众人一个与众不同的答案。

乔布斯在苹果超薄笔记本的发布会上带来一个文件袋，然后问大家觉得这个袋子是用来做什么的？

众人回答必然是用来存放重要文件。乔布斯讲道：“不错，正是用来存放重要文件的。”随后他从这个文件袋中掏出了苹果笔记本。对众人说道：“这就是我最重要的文件，这就是超薄的苹果笔记本。”

这种不按照常理出牌的营销策略具有非常良好的营销效果，但是这种策略却出自常规的营销思维。换言之，只要我们用心思考客户的想法，与客户“一条心”，那么我们就可以开发与众不同的营销策略。

情境案例

某品牌裤装专卖店内，一位顾客正在挑选裤子，试穿了多件裤子后仍然不甚满意，于是顾客对专卖店的导购员讲道：“我对今天新买的这件上衣十分喜欢，但是总找不到称心如意的裤子搭配，令我十分为难。”

导购员对顾客讲道：“先生，其实您这件上衣搭配刚才您试穿的这条裤子就十分合适，无论是色调还是款式都像量身定制的。”

顾客思考了片刻，仍然转身离开了专卖店。

错误服务

- 导购员思考问题应该站在顾客的角度，而不是自身。因此，当顾客认为搭配不理想时，我们不应该否定。
- 导购员没有提出能够给顾客带来直接帮助的建议，才导致顾客转身离去。

威尔浪经验分享

一位合格的导购员一定要拥有敏锐的营销策略思维，单一的营销套路并不能适用于所有顾客、所有销售情况。以案例中导购员与顾客的对话为例，虽然我们的回答十分得体，但是明显缺乏营销策略。因为顾客已经明确指出了自己不喜欢试穿的效果，而又无法明确自己想要的商品类型，针对这种情况我们需要运用恰当的营销策略。

例如，先评价客户购买的上衣十分漂亮，然后根据客户上衣的风格定位顾客的品位，随后在与客户沟通的过程中一边肯定客户的想法，一边进行一些建议性的搭配方案，在这种情况下，即便我们的营销没有获得直接的效果，也会牢牢抓住客户，便于我们进行随后的营销。

威尔浪好策略导购员指导方案

威尔浪通过各种营销策略的制订经验总结得出：良好的营销策略来源于准确的顾客定位，即每一种营销策略都要符合顾客的身份、消费意向以及心理追求。只有这些需求点得到满足之后，营销策略才能发挥更大的作用。

对顾客进行准确定位的工作主要依靠我们与顾客的沟通技巧，这种定位沟通技巧与营销沟通技巧有明显差别。营销沟通技巧的主要目的是为了促进销售成功率，而定位沟通技巧的目的则是为了更充分地了解顾客。

事实上，顾客定位是每一位导购员应该进行的首要工作。威尔浪一直教导自己的导购员，我们的顾客大多数是陌生人，面对一无所知的陌生人我们的营销工作很难有效地开展，如果我们连顾客内心的真实需求都不清楚，如何与顾客做到“一条心”，如何制订出相应的营销策略。

所以，威尔浪会对自己的导购人员进行专业的定位沟通技巧培训，并通过这种培训提升导购人员的营销策略思维。

顾客定位沟通技巧一：巧妙的提问式沟通

顾客定位提问沟通不同于简单的提问题，如果顾客进门后我们便开始问东问西，必然会引起顾客的反感，所以我们需要讲究一些技巧。

首先，提问需要掌握时机。即通过顾客的购物行为引出问题，例如，顾客挑选了两条颜色相同、款式不同的裤子，我们可以在服务过程中讲道：“先生，这种颜色的衣服非常适合您的肤色，不知道您是不是也对这种颜色情有独钟？”

其次，提问需要及时。所谓及时就是指我们应该抓住每一个体现顾客内心需求的机遇，尽可能更多更快地了解客户潜在的消费意向。

最后，问题应该柔和婉转，避免直接提问，否则会让顾客感觉我们无知，或窥探对方隐私。

顾客定位沟通技巧二：让语言更具说服力

对于导购员而言，任何问题的提出都应该具有一定的说服力，否则顾客很有可能不回答我们的问题。仍然以上面的情景为例，当一位顾客连续挑选同一颜色的衣服后，导购员提出问题中讲到，这种颜色非常适合顾客的肤色，这就是一种说服力。

在提问过程中附带一些类似的说服力语句十分有必要，不仅可以拉近自己与顾客的距离，还会说服顾客回答我们的问题。但是说服力的辅助语句一定要与问题有严密的逻辑关系，要对顾客有所帮助，切忌无话找话，或者使用一些敏感的语句。例如，先生您这身衣服真有品位，不知道您对我推荐的这条裤子是否喜欢？

顾客定位沟通技巧三：问题最好使用请求式

所谓请求式是指尽量采用征求顾客意见的提问方式，如“您觉得好不好”“您是否认同这种搭配”“我个人建议您试穿一下，好吗”等。

一般来讲，请求式提问更容易打动顾客内心，更可以体现导购员对顾客的尊重，采用这种方式提问，可以更多地了解顾客的内心需求。

以上三种技巧是帮助导购员定位顾客内心真实需求的巧妙方法。很多导购员懂得深度挖掘顾客需求的重要性，但是缺乏足够的沟通技巧往往会使营销弄巧成拙。在威尔浪的发展历程中，类似这样的情况曾经出现过很多，于是我们针对这种情况实施了专业的改善工作。这项改善任务实施后，我们的导购人员看似表面没有太大变化，但是在顾客眼中，威尔浪的销售服务更到位、更亲切、更人性化了。

其实并不是威尔浪改善了服务质量，而是指导了自己的导购人员准确地定位了每一位顾客，而且为每一位顾客量身定制了营销策略，让顾客的每一种需求都可以在威尔浪店铺中得到满足。

第四章

好陈列胜过好导购

——一学就会的裤装视觉营销

灯光：增强购物气氛的“吸引力法则”

当今国际服装市场中有这样一个特色，就是服装的销售正在依靠大量外界因素的辅助。其中值得重视的就是店铺设计，良好的店铺设计不仅决定了产品的销售业绩，更影响着服装的品质、档次以及价格。可以说，一家设计巧妙的服装店铺有实力与一家实力雄厚的服装加工企业相媲美。

对于裤装市场而言，店铺的内部设计更是要求严格。良好的裤装陈列完全如同实力雄厚的导购员一般，不仅吸引着顾客的眼光，更刺激着顾客的消费心理。

一家优质的裤装店铺内不仅仅需要配备专业的导购人员，在灯光设计方面也有高标准的要求。我们可以发现，目前销售市场中任何一家裤装店内无论白天黑夜，都会灯火通明，当然并不是因为店铺内部采光效果不好，而是通过利用特殊方式的灯光照射，增强店铺销售氛围，营造出特定主题的销售环境。

以威尔浪裤装专卖店为例，不同款式的裤装会配备不同型号、不同颜色、不同强度的灯光辅助。我们要求店铺内每一款裤装都要有相应的灯光辅助，让每一个顾客产生与众不同的感受。这是威尔浪多年来的销售心得，也是一种经营策略。

然而，目前市场中仍有很多企业、店铺对灯光的重视程度很不到位，或者有些企业、店铺缺乏灯光的合理使用方法，这就导致一些店铺内灯光不仅没有产生良性效果，甚至对商品的销售还起了阻碍作用。

情境案例

某品牌裤装专卖店内，店长为了营造出一种古典的环境氛围，将店铺内各种灯光都改成了淡黄色，配合古典的装修风格，店铺内的确增添了许多古典气息。

然而这家店铺的设计风格虽然吸引人，但是销售业绩却不理想。店长经过多方询问才得知，顾客进入店铺内虽然很喜欢这种气息，但是总感觉这里的商品略显陈旧、过时，而且灯光强度有限，很多商品的特色都无法被发现，从而导致销售业绩一直无法上升。

错误灯光

- 灯光颜色统一为淡黄色，过于单调。
- 灯光强度过弱，顾客无法看清商品。
- 灯光设计存在问题，古典风格的灯光同样有很多款式，但是这家店铺内的灯光没有起到吸引顾客消费的作用。

威尔浪经验分享

很多裤装店长在设计店铺的过程中往往会忽视灯光的效果，其实不同的灯光装饰可以为店铺带来惊人的营销效果。灯光并不是店铺内单纯的照明工具，当灯光被合理运用、合理设计后就会与商品融为一体，凸显商品特色。

其实，一家拥有自己主题风格的裤装店必须配备合理的灯光才能产生效果，如果店铺的灯光能将整个店铺渲染得更有特色，则代表灯光也成为了这家店铺的主要竞争力。

因为灯光的效果可以为顾客提供舒适的购物环境，而且每一件商品在不同的灯光下都会呈现出不同的面貌，灯光就如同衣服的饰品，在灯光的辅助下，商品才会更加吸引人。

威尔浪店铺灯光设计方案

对于威尔浪自身而言，灯光的使用有几点重要原则，即灯光一定要符合店铺风格，符合商品款式，且产生良性销售效果。

例如，蓝色的灯光会给人冰凉、清爽的感觉，威尔浪将这种颜色的灯光用于夏季的商品销售中，而且会随着温度的变化，调节店铺内灯光颜色的深度。

另外，灯光的照射方式也是一门我们需要学习的知识。作为全国知名的品牌裤装店，我们只有将店铺的灯光设计得更有风格、更有特点才能彰显出我们的品牌效应。

从专业的角度来讲，店铺内灯光的照射角度分为正面光、侧光、斜侧光和顶光四种，这四种照射方式的合理运用可以帮助店铺提升销售业绩。

1. 正面光

所谓正面光是指照射光线来自商品的正前方，商品受灯光的直接照射。正面光产生的照射效果是厚重又明亮的感觉，且商品能够完整地体现整体色彩与特点。但正面光也存在某种缺点，这便是商品受光过于平面，立体感和质感会受到影响。所以威尔浪建议，店铺中平铺展示的商品可以使用正面光，而一些模特穿戴或其他立体展示的商品，则不建议使用正面光。

2. 侧光

侧光又称 90° 光线。侧光是指灯光从商品的 90° 侧面进行照射，被照射商品会产生强烈的明暗对比，突出商品的层次感。然而威尔浪多年的店铺设计经验告诉我们，侧光尽量避免单独使用，因为虽然侧光可以突出商品的层次感，但也会掩饰商品的部分特点，所以侧光最好被用作与其他光线搭配的辅助光线。

3. 斜侧光

斜侧光一般不单独使用，只作为辅助用光。斜侧光是指灯光和商品呈 45° 的光位，灯光从商品的左前侧或右前侧斜照射，这是目前市场中大多数橱窗模特正在使用的灯光照射方式。这种照射方式可以突出商品的整体感，且不会给顾客灯光太强的感觉，一般立体展示的商品可以采用多种斜侧光进行销售辅助。

4. 顶光

顾名思义，顶光是指光线来自商品正上方。这种照射方式十分罕见，往往用于功能性照射或突出性照射，如为了突出商品上方的特点，或者突出商品的某种性能、某种独特设计。一般情况下，顶光是店铺设计中最少用到的灯光照射方式。

灯光的设计不仅需要我们了解灯光的照射方式，还需要了解灯光照射搭配的选择。一家优秀的店铺必然可以将各种灯光进行合理搭配，并突出店铺的色彩。现在威尔浪为大家分享一些关于照射方式的搭配方案。

通常情况下，灯光照射搭配方案有垂直照射搭配与交叉照射搭配两种。其中垂直照射搭配是指针对一些挂装、模特、海报，采用最小角度、最高密度以直线照射方式照射商品，这种搭配方法可以突出一个焦点，在这一焦点上我们可以将店铺的特色、商品的特点突出。

而交叉照射搭配是指采用较大照射角度，以较低的灯光密度，从商品两侧把灯光交叉地照射在商品上。这种灯光搭配方案通常用于突出商品整体，以分布均匀的灯光给顾客一种眼前一亮的感觉。

威尔浪的灯光设计一直是我们打造优秀店铺的重点之一，灯光就如同店铺的自然导购，它可以帮助顾客快速定位自己喜欢的商品，也可以将商品的优点不断扩大，着重突出。我们可以发现，现代很多行业对灯光的重视都越发强烈。例如，摄影行业需要专业的灯光师，影视行业也需要专业的灯光使用人才，就连饭店、保龄球场等生活娱乐场所，对灯光都有高品质的要求。

灯光是一种有生命、有色彩的销售元素，对灯光设计进行深入的了解，对灯光进行巧妙的运用，不仅可以帮助我们打造出具有强大竞争力的销售店铺，还会让我们店铺中的每一件商品更具价值、更具品位，更能打动顾客的内心。

色彩：巧用品牌风格和个性的力量

在中国市场中，裤装行业是一个十分讲究品牌传播的行业。我们常见的裤装营销活动中，除去商品的营销策略外，还有一种吸引顾客眼球的元素，这就是色彩。举一个最简单的案例，任何裤装店铺举行营销活动，都会配备大红大紫的色彩元素，因为这些色彩是吸引顾客目光的第一因素，是品牌传播的主要工具。良好的色彩搭配不仅可以宣传商品，更可以影响顾客的消费心理。

威尔浪的专卖店中，我们看到除了商品的整齐陈列、灯光的到位烘托之外，整个店铺的色彩搭配也是一个非常有内涵的细节。我们通过对多种颜色进行合理搭配，进行了产品信息、店铺风格、企业形象的有效传播，并且我们的色彩搭配更具潮流元素，让每一位顾客心里产生舒适感、时尚感。

色彩的搭配对于品牌裤装企业、店铺而言是一种必备的知识与能力。消费者对色彩的偏爱会因年龄、民族、职业而产生巨大的偏差，良好的色彩设计可以让顾客产生深度的联想，从进入店铺的一刻起心情开始发生转变，企业、店铺的销售行为因此顺利开展。

如今，色彩设计的作用在市场商业活动中越发被重视，更多人开始了解店铺色彩设计对于发展而言是一种巨大的动力，色彩与店铺商品陈列、色彩与企业形象、色彩与商品销售之间存在着必然联系，而且这种联系会转化为最终的经济利益。

情境案例

2013 年冬天，某品牌裤装专卖店内，店长为了改善冰天雪地的氛围，特地将自己的店铺设计成带有春天气息的牧马庄园风格，店铺中绿色为主打颜色，配合着天蓝与淡红的点缀，的确产生了一丝春天的气息。

店长对自己的店铺色彩设计非常满意，并开始期待自己的销售业绩提升让他有如春天般温暖的感觉。

可是，店铺色彩设计变更后，虽然顾客增加了，但是销售业绩并没有上涨，反而出现了滑落的情况。

错误设计

● 店铺的颜色与季节不符，虽然可以吸引人，但是却不能推动购物行为。

● 店铺的颜色设计与商品不符，春天的氛围中销售冬天款式的商品，给人一种不协调的感觉。

威尔浪经验分享

对于裤装店而言，色彩的设计与商品销售有着密切关系，而色彩的选择不仅需要融合我们的创意，还需要符合当前的季节、所处的环境，以及所面向的人群。可以说，裤装商品的销售与店铺色彩的设计有着密切的关系。店铺色彩的柔和与绚丽、色彩搭配的合理与协调，能够影响店铺的空间感与重量感。在舒适的色彩氛围下，顾客才会产生更自然的消费行为。

威尔浪针对色彩设计总结了自己的经验，我们认为任何店铺的色彩设计都不应采用过多的色彩，否则会令顾客产生视觉疲劳；也不要采用一些不符合正常环境的色彩，否则会让整个店铺的购物氛围产生不协调因素。

威尔浪色彩设计指导方案

店铺色彩设计首先要拥有统一的风格和主题，以上面的情境案例为例，虽然这家店铺的经理设计的色彩不符合常规环境的色彩风格，但是这种色彩设计的整体性还是十分到位的。这种统一的风格、整体的效果令这家店铺吸引了更多顾客。

然而对于一家裤装店而言，色彩是销售环境的背景，而背景不可喧宾夺主，即色彩对顾客产生的影响不可以大过商品。如果我们店铺的色彩过于光鲜夺目，那么顾客便会在一定程度上忽视我们的商品，从而降低销售业绩。

另外，色彩的设计要具有一定的对比性。即色彩需要产生衬托性、辅助性，将我们的商品更直接地呈现在顾客面前。以美特斯邦威专卖店中的色彩设计为例，美特斯邦威2014年夏天推出了一款浅黄色的T恤，在一家美特斯邦威的专卖店中，店长将店铺的一个角落装扮成了一片向日葵田地，在墙壁上画了多株向日葵，而这些黄色的T恤则被折叠成向日葵的形状，固定在了葵花的部位。

这种透着阳光气息的色彩搭配，让这件黄色T恤成为2014年夏季美特斯邦威的热卖商品之一，我们可以从这则案例中体会到色彩设计需要具备对比性、衬托性、辅助性的原则。

除去以上色彩设计的重要原则之外，我们还需要分享一些关于色彩使用的方式与方法，这些方式方法是威尔浪在多年色彩设计过程中总结出的精髓。

1. 店铺整体的色彩布局

对于品牌裤装专卖店而言，店铺色彩设计首选颜色为灰色、红色与蓝色，而这三种颜色不宜过深，色度应该根据店铺外部环境进行适中选择。我们选用这三种颜色作为色彩主体布局的主要原因如下：

这三种颜色属于低调色系，虽然红色属于耀眼的颜色，但是在大多数裤装面前，红色并不会喧宾夺主，而是起到了良好的烘托作用。

例如，红色可以映衬出一些休闲裤装的青春气息，可以为一些传统裤装增加一些稳重感。采用红色为店铺色彩设计主体颜色，可以增强商品的吸引力。

灰色虽然是一种沉默的色调，但是我们可以看到目前很多服装店铺的主打颜色都为灰色。例如，大多数劲霸男装店铺的主色调为银灰色，在这种颜色下，西装、西裤会被衬托得更有气质、更笔挺、更得体。

蓝色属于三种颜色中唯一的冷色系，以蓝色为主打颜色设计的店铺会给人一种高远的感觉，令顾客产生明显的扩大感。蓝色是很多店铺首选的设计色彩，在这里威尔浪提醒大家，天花板过高的店铺不适宜设计蓝色主题风格，因为客户会产生一种空旷的感觉，商品在这种环境下很难突出特点。

2. 店铺的辅助颜色布局

所谓的辅助颜色是指店铺的天花板颜色与地板颜色。在现实情况中，很多店长会忽视这两种辅助因素。首先天花板颜色的设计有一定的施工难度，而大多数人不会在购物过程中产生抬头仰望的习惯，所以天花板的颜色设计很容易被忽略。

再者地板作为我们踩在脚下的物体，颜色似乎不会有太大影响，且日常维护非常麻烦，所以地板也很容易被排除在店铺色彩设计之外。

然而，天花板颜色与地板颜色是构成店铺色彩设计的重要因素，缺乏这两种因素的辅助，店铺的色彩设计整体感可能会打折。

就天花板颜色选择而言，不仅需要配合店铺主体色彩的设计，还要符合当前季节的色调。因为天花板是位于顾客头顶之上的，顾客虽然不会刻意留意天花板的颜色，但是色调选择不恰当，则会对顾客产生直接的压迫感。例如，任何一家裤装店铺都不会把天花板涂成过于艳丽的色彩，如鲜红色、粉红色等，因为这种色彩会让店铺内的每一位顾客感觉不舒服、不协调。

威尔浪在天花板颜色设计的过程中，会根据当下的季节配备适当的色调。

一般情况下，在秋冬季节，天花板的颜色应该选用暖色调，即橙色、黄色、白色等，但是色度不宜过深。在春夏季节，应该选用冷色调，如蓝色、浅紫色、绿色等，这些色彩会给人舒适清爽的感觉。

地板作为我们脚下的坚实基础，色彩同样需要受到重视。其实，地板的色彩设计应该更有吸引力，即设计合适的图案，或选择恰当的颜色搭配。正常情况下，地板颜色在与主体色彩没有冲突的情况下，应该选择略浓的颜色，如米黄色、流沙金、月牙白等，这些厚重的颜色既可以体现店铺的高档次，又便于保养。

以上各种色彩搭配原则是帮助我们提升销售业绩、加快发展速度的好方法。每一个裤装企业、店铺都应该了解店铺的设计方法，通过店铺的内部修饰、外部辅助，提升商品销售业绩。

而色彩作为影响顾客的第一店铺视觉元素，对其进行巧妙的搭配、整体的设计，可以营造一种极具感染力的购物环境。在这种环境下，我们的顾客更愿意完成购物行为。

音响：为顾客创造轻松、愉快的购物心情

裤装店的设计并不是单纯为了美观与提升顾客吸引力，而是为了增强店铺整体的市场竞争力，并且通过店铺的装修体现企业、店铺的发展理念，为顾客呈现准确的销售层次定位，帮助客户满足各种需求。

很多人认为，无论是裤装店还是其他服装店，销售任务才是重中之重，花费大量精力投入到店铺装饰中完全没有必要，只要店铺形象完整、得体就足够了，企业、店铺的重点应该放在销售之上。

事实上，店铺的精心装修也是销售的一部分，一个完整的精品店铺不仅要外在美，更需要有内涵。符合销售环境的音乐就是店铺内涵的重点之一。

我们提到的音乐并不是指很多店铺门前简单摆放着音响，循环播放着流行歌曲，裤装店的音乐设计也是有要求、有品位的。

情境案例一

某品牌裤装店前，一对高分贝音响正在播放各种“神曲”，从《最炫民族风》到《小苹果》，大众熟知的音乐被循环播放着。

很多路过的顾客虽然偶尔也会跟着音乐哼唱两句，但是对这家店铺却熟视无睹。而且有些顾客原本打算进店购买一些裤装，但走到门前被这对高分贝音响震得头脑发晕，随即又转身离去。

错误设计

● 音响摆放位置明显错误。音响属于店铺内的一部分，放在店铺门前则变成了扰民的工具。

● 音响播放歌曲明显错误。播放流行歌曲十分正常，但是循环播放“口

水歌”则显得毫无新意。

• 音响播放音乐的音量错误。超高分贝的音量是可以起到宣传作用，但是近距离播放则会对人产生伤害。

威尔浪经验分享

裤装店播放的音乐应该是用来吸引顾客的，而且最终目的是吸引顾客到店内购物，绝非简单地吸引远距离顾客的注意力。所以，我们店内的音响设计要符合当前的销售环境，准确针对销售人群，让音乐有内涵。

如果我们的音乐只是用来为店内购物人员消遣娱乐，或者为店铺做简单宣传，那么店铺音响的设计便失去了意义，店铺的销售业绩也无法得到有效提升。

情境案例二

某品牌服装店内，轻柔的音乐让所有人感觉心情舒畅，很多路过店铺前的顾客都被这种舒适的环境所吸引，随即走进来稍作休息。然而正当人们怀着轻松的心情走进店铺时，却发现店铺内陈列着各种“飙血大甩卖”“活动大减价”的导购牌。

而且店内陈列杂乱，各位导购员正在热情地向顾客推销各种活动商品。很多人内心升起失落感，摇摇头走出了店铺。

错误设计

• 音乐选择定位不准确，目前很多店铺喜欢走高雅路线，然而店内的陈设与音乐有巨大差别，导致不伦不类的情况发生。

• 导购员服务行为错误。音乐应该与店铺融为一体，音乐可以辅助导购员的销售行为，然而导购员同时也应该配合音乐。如果我们在播放舒缓的音乐，那么导购员切忌过分热情。

威尔浪经验分享

威尔浪每一家专卖店中，音响设计都是在最初店铺装修时完成的，这恰恰是因为我们将音响设计看作了店铺陈列的中心元素之一。从音响摆放位置，到音响的播放音质选择，乃至音响的品牌都是威尔浪通过思考、审核决定的。

音乐是店铺吸引远距离顾客的主要方式，更是为店铺内顾客提升高品质服务的主要工具。只要我们清楚了这一原则，我们的音乐选择、定位、设计就不会出现太大失误。

总体而言，威尔浪将店铺音响设计的主要原则归结为以下几点。

1. 店铺宣传

所谓店铺宣传并非依靠高分贝音响进行直接的销售宣传。这种宣传方式往往会降低店铺的品质、档次。我们需要进行的音乐宣传是指配合店铺门面设计，播放一些符合店铺设计风格，或者符合店铺消费档次的音乐。

其中，音乐的选择、播放的音量尤为重要。一般情况下裤装店铺不要选择播放大众熟知的口水歌，如《小苹果》《江南 style》等歌曲，脍炙人口的流行歌曲也需要有所选择，不要大量播放单一明星的歌曲。而且音量也要适中，主要临界点在亲民不扰民，吸引人不伤害人。当我们的音乐满足了以上两点要求后，我们的宣传效应便可以大幅度扩散。

2. 营造店铺氛围

关于这一点，相信很多人都可以理解，现在各行业绝大多数店铺内都开始配备专业的音响设计，播放符合自己店铺主题的歌曲，利用音响来增添一些顾客服务。

其实，这些做法都是为了营造店铺高品质服务的氛围。音乐可以抒发人的内在情怀，可以改变人们的心情。当顾客在我们的音乐感染中，与店铺融为一体，我们的销售情况也会随之改变。

所以，站在顾客的角度选择适当的音乐对店铺设计而言非常重要。音乐的选择一定要恰当，如果我们的店铺在高档商场中，就适合播放轻柔、典雅的音乐；如果我们的店铺处于繁华街道，音乐适合选择流行但又不俗的歌曲；如果我们的店铺处于学校、工厂等特定场所附近，我们就需要根据这里人群的生活层次、共同爱好选择适当的音乐。只有这样，我们才能够营造出顾客需要的氛围。

3. 促进顾客消费心理

对于这一观点，很多人都会认为促进顾客消费心理属于导购员的主要工作，虽然音乐可以影响顾客的心情，但是不会对顾客的消费心理有太大影响。

我们可以思考这样一个问题，为何咖啡店中会请专业的钢琴师演奏，为何旅馆中会播放一些亲切的音乐，这些只是单纯为了营造氛围吗？

当然不是，这正是为了促进顾客的消费心理。咖啡店中典雅的音乐会让人流连忘返，自然不知不觉喝完一杯又点一杯咖啡；旅馆中亲切的音乐是为了让顾客产生如家的感觉，在家我们会变得慵懒，而旅馆中各种送餐、代购等客房服务恰恰是迎合顾客这种心理的。

所以，音乐绝对有促进顾客消费心理的作用，只要我们选择的音乐与环境、人群、时机相对应，那么顾客的消费也会更自然。

4. 舒缓员工情绪

目前，店铺音乐被用作舒缓员工情绪的情形最为常见。我们可以看到，很多店铺中音乐的选择完全是根据员工的爱好选定的。虽然这种情况对店铺销售没有太大帮助，但是在一些繁忙时段，却可以缓解员工的内心疲劳，增添积极工作的情绪。

以上四点是威尔浪总结而得的店铺音响设计原则。很多时候，店铺的音响设计会被忽视，音响产生的消费促进作用也无法发挥。事实上，店铺到位的音响设计所产生的作用十分强大，这也是很多店铺所需要挖掘的销售潜力。虽然这些店铺设计看似只是外在的辅助，但是当我们店铺的每一项设计发挥最大作用时，就会创造销售奇迹。

威尔浪用多年的经营经验与大家分享这一观点：重视自己的店铺、设计自己的店铺，就等于为店铺的发展添砖加瓦，为店铺的发展增添动力。

场景：使顾客享受身临其境之感

提到裤装店的店铺设计，必然需要讲到商品的陈列。如今商品陈列已经成为当今商业市场中的一大学科，陈列师也成为了商业市场中炙手可热的职业。然而目前大多裤装店内，商品陈列依然过于传统，缺乏专业的陈列技巧，这导致很多品质优秀的商品无法被顾客第一时间发现，而且商品的销售情况也不能达到预想的效果。

商品陈列早在20世纪80年代就已经在欧美风靡，这种通过色彩、风格、款式巧妙搭配的技术被充分利用到服装行业当中。我们需要明白，商品的陈列不仅是为了吸引顾客的眼光，更是为了激发顾客的购买欲望。将商品摆放得漂亮、到位、巧妙，可以产生非同凡响的销售效果。

简单来讲，陈列巧妙的店铺与陈列一般的店铺会呈现出五种不同。

（1）陈列巧妙的店铺，商品展示更到位、更充分。顾客一进门，就可以清楚了解到，店里有哪些商品，其中哪些是自己所需要的商品。

（2）陈列巧妙的店铺，商品销售情况更好。顾客在最短时间里，直接找到自己最喜欢的商品，心情会更轻松，所以销售更顺畅。

（3）陈列巧妙的店铺，更受顾客青睐。由于店铺陈列巧妙，顾客可以轻松、自助地购物，并且各种流行、重点、新进商品一目了然，所以顾客更青睐这样的店铺。

（4）陈列巧妙的店铺，更有特色。店铺特色大多是由商品体现的，好的陈列不仅可以呈现好商品，更能突出店铺特色。

（5）陈列巧妙的店铺，更能突出品牌。品牌即形象，陈列巧妙的店铺必然会体现良好的店铺形象，品牌效应会自然流露。

以上五点正是店铺巧妙陈列产生的作用，如果我们忽视了这些作用，证明我们的商品陈列有待改善。

情境案例

某品牌裤装专卖店内，店铺门前摆放着很多当前流行的商品，而且店长为了突出本店特色，更将本店的特色产品全部摆放到门前。在这种情况下，这家店铺的门前簇拥着很多顾客，然而这些顾客大多是在购买店前摆放的商品，顾客在店铺前没能找到自己想要的商品时，导购员建议顾客进店挑选，但是很多顾客都转身走开了。

错误陈列

- 陈列毫无规则可言，更像是商品促销。
- 商品陈列过于局限，只有特色商品与流行款被顾客发现。
- 商品陈列品类存在不足，不能满足顾客的全方位需求。

威尔浪经验分享

商品的陈列绝对不是为了追求店铺中某一部分商品的单独获利，而是将店铺的商品整体更完整地呈现在顾客面前。如果我们只将销售量高、当前款式流行的商品突出在顾客面前，那么其他商品的销售不仅受到影响，而且失去了存在的意义。

威尔浪经过多年的发展，已经打造了数千款不同风格的裤装，很多裤装都成为了大众眼中的经典款型，而且销售情况多年来一直十分稳定，这不仅仅是我们服装设计师的功劳，店铺陈列师也有着巨大的贡献。

威尔浪的商品陈列师会最大幅度体现商品的完整性，按照风格、款式、色彩的搭配全方位满足顾客的需求，配合导购员的巧妙营销，确保我们专卖店的优秀业绩。

威尔浪店铺陈列方案

良好的店铺陈列并不是简单的工作，需要我们用专业的陈列方式、陈列技巧来体现企业、店铺的特色。在威尔浪多年的店铺设计经验中，我们按照不同的店铺情况总结了不同的商品陈列方法。

1. 大众式商品陈列法

所谓大众式商品陈列是指空间相对合理、店铺定位正常的商品陈列方法。

类似的店铺我们可以按照商品的分类、配置进行陈列，过程中有一个关键点是我们需要注意的，这便是我们需要站在顾客的角度思考陈列问题。即如何吸引顾客，如何方便顾客了解商品的特色，并根据这种思考将商品进行合理摆放，或正面朝上，或背面朝上，或者立体悬挂。

而且摆放需要有规律、有特点，可以按照色彩搭配、拼凑形状等方法实施，陈列效果一定要吸引顾客眼球，令顾客感觉舒服，体现店铺商品的整体性。

2. 空间式商品陈列法

所谓空间式商品陈列是指我们按照店铺空间特点进行的商品陈列。虽然正常情况下大多店铺的空间设计都十分合理，但有些时候我们对一些特殊空间的合理运用可以令店铺呈现出特殊的风格。

以小户型层高有限的店铺为例，我们不仅可以将商品陈列在货架、衣柜、墙面上，屋顶也是我们陈列的好空间。由于高度有限，所以商品陈列在屋顶也不会让顾客产生抬头挑选的疲惫感觉。

3. 按照商品特点进行陈列

按照商品特点进行陈列是指将不同的商品按照特点进行合理搭配。商品的陈列原则中有这样一点：陈列并不是为了让顾客进行简单的观看，而是为了促进顾客更快产生购物行为，所以商品陈列需要注重实用性，美观只是外表，实用性与特点才更容易打动顾客。

按照商品特点进行陈列也需要讲究不同的方式。首先，在空间条件允许范围内，我们可以将商品分为展示区、购买区、试穿区等，在不同的区域内顾客都可以体验到商品的最大特色。例如展示区我们需要尽最大努力追求美观；购买区就一定要突出商品性价比，把性价比最高的商品进行最明显的陈列；试穿区则要突出商品的品类齐全，让顾客感觉到只要自己喜欢的商品就一定有适合自己的尺寸。

4. 按照顾客行走路线进行商品陈列

有些店铺虽然面积很大，但是空间特殊，属于细长窄小深远型，这种情况下我们需要重点考虑顾客的走动路线，既不能让顾客感觉到拥挤，还要让顾客完整地看到店铺中的所有商品。

这种商品陈列相对于常规陈列方法而言稍稍有些难度，但是并非在我们能力范围之外。按照顾客行走路线进行商品陈列需要我们遵循一个原则，即阶段性特色陈列。由于顾客所能记住的商品有限，所以我们需要根据店铺所处位置、对应人群，以及消费层次将商品进行不同风格、款式的组合搭配，然后根据顾客行走路线进行陈列，过程中我们需要让顾客每前进一段距离就会有新款式、新风格的体验，千万不要让顾客产生回头的想法。

按照这种方式将商品进行陈列，可以有效地使用我们店铺的空间，并提升店铺的销售业绩。

店铺陈列与店铺设计的其他因素不同，因为店铺陈列是需要长期更新、升级的工作，而且店铺陈列属于店铺设计中最能影响销售的关键因素。一家陈列优秀的店铺体现出的各种特色都可以转化为它独特的市场竞争力。

威尔浪在店铺设计过程中，将多年的设计经验、陈列技巧做出了以上总结，希望这些总结能帮助每一家店铺改善自己的销售情况，提升自己的销售业绩。我们所追求的并不是单纯的店铺改善，而是发展过程中更长久的利益。如果你有远大的理想，就一定要将各种改善方法付诸实践，从商品陈列开始，从店铺设计开始，你会感觉到，未来会因你今日的努力变得越发美好。

新品：锁定目标顾客的好陈列

大多企业、店铺的管理者都会有这样的困惑：商品需要更新，然而新品上架后往往不能达到预想的销售成绩。这已经成为大多企业、店铺的通病。虽然我们都渴望改善这种情况，但是诸多方法实施过后仍然备感头疼。

针对这种情况，首先我们需要思考这样几个问题：是否每当新品到来后，我们都会想方设法将新品摆放在最醒目的地方？是否我们的新品长期属于我们的主打招牌？是否我们尽力进购最流行、最畅销的新品后，店铺整体销售业绩依然无法带动？

如果答案是肯定的，就证明我们在店铺的基础设计上存在一定问题，并非新品不畅销，而是人为因素导致新产品未能发挥带动销售的作用。

试问，当下流行、畅销的产品进购到店铺中，是否起到了良好的吸引顾客的作用呢？新品上架后是否符合大众口味呢？新品到来后又是否弥补了店铺的商品款式、风格的不足呢？相信思考这些问题的店长目前还在少数，否则当前的服装销售市场不会是今日的局面。

实际上，店铺新进购的产品所产生的影响是非常巨大的，任何一家店铺的新产品都是为了给顾客留下深刻的印象，在竞争激烈的现代市场中，刺激顾客的消费，加速店铺产品的流动，同时增强企业的品牌竞争力。如果我们的新品没有产生这些效果，就需要思考具体的问题究竟出在哪里。

情境案例一

某品牌裤装专卖店内，新商品到货后，店长非常高兴，第一时间动员全店铺员工对店内商品陈列进行了调整。所有新商品，无论哪种款式、风格统统摆放到最醒目的位置，这家店铺马上给人焕然一新的感觉，由此吸引了很多顾客。

正当店长暗暗得意之际，问题出现了。新商品虽然非常受欢迎，但是店内的其他商品却受到了巨大影响，曾经畅销的商品此刻已经无人问津，甚至某些商品还出现了滞销的情况。

错误行为

- 新商品抵达店铺后我们首先需要做的是将商品分类，将新品全部摆放到醒目位置属于错误行为，会对店铺的发展带来不利影响。
- 店铺的陈列可以用原有商品配合新商品进行摆放，但是绝对不能为了突出新品而忽略了原有商品，否则原有商品会遭到顾客的忽视。

威尔浪经验分享

当今市场中流行着这样一个词语，名为“新品管理”。所谓新品管理，是指店铺以新进购商品为主题，随即分析消费者反应，然后对店铺进行一系列以消费者需求为中心的经营策略。其中关键要素包括新商品深度分析、店铺原有产品辅助搭配、消费者潜在需求。

我们店铺内的任何商品只有在正确的时间出现在正确的地点，才能获得最高的利润，而所谓最高利润并不是指单一商品获得的利润，而是店铺的整体利润。

所以，我们一定要明白作为店铺的主要获利工具，新商品一定要正确陈列、正确使用，才能发挥作用。

情境案例二

某品牌裤装专卖店内，典雅的音乐、舒适的灯光，配合高雅的环境让每一位顾客心旷神怡。

一位顾客进店后四处观看挑选商品。这位顾客对店铺浏览一周后向身边的导购员问道：“为何没有看到你们店的新品呢？店前不是摆放着新品到货的提示牌吗？作为你们店的老顾客，我很想体验下你们的新产品。”

导购员马上热情地回答："女士，我们店的新品已经按照不同款式上架到不同区域了。您瞧，摆在您面前的这条裤子就是我们店今天新上架的商品。"

顾客拿起商品看一看后，说道："好像没有想象中的新颖啊，和你们以前商品的风格、款式差别不大，算了，还是等你们下一批新品上架后我再来吧。"

顾客讲完，没有给导购员任何解释的机会便转身离去。

错误行为

● 新品陈列存在明显的问题，顾客无法第一时间找到新品。

● 新品搭配有问题，直接与老款商品进行搭配容易让人产生"换汤不换药"的想法，从而"新"字根本无法突出。

威尔浪经验分享

对于裤装店而言，威尔浪认为无论是新品还是老款，每一款裤装都有其独有的特色，所以在商品陈列工作上，我们一定要让商品的特色展现出来，而且要与其他商品区分开来。

或许我们的店铺装修设计得非常美观、典雅，但是新品进购后简单按照原有商品陈列方法进行陈列是一种错误行为，对顾客而言也是不负责任的表现。当顾客被我们"新品上架"的广告所吸引，却无法第一时间找到新品时，首先会产生落差感，即便我们的导购员及时为顾客介绍了新品，顾客内心的消费冲动也容易消磨殆尽，店铺的销售业绩自然无法上涨。

威尔浪对于新品陈列拥有一套独有的理论，我们通过分析顾客的真实想法，将店铺新品按照最佳地点、最佳形式呈现在顾客面前，并以新品为主题进行各种独具创意和视觉冲击力的活动，以此吸引顾客的眼球，激发顾客的购物欲望，提升店铺的销售业绩。

这需要我们从以下三点要素上进行学习提升。

1. 体现"新品"

在新品陈列过程中，"新"字一定要被突显，一般我们会选择店铺关注率最高的地点进行陈列。这并不是要求我们简单地将新品摆放在醒目位置，而是通过店铺的整体规划进行陈列。

我们可以将新品摆放在当前畅销商品的附近，或者摆放在店铺进门后最直观的墙面，甚至可以专门设定一个新品专区，定期更新新品来满足消费者的需求。

2. 激活“新品”

所谓激活“新品”，是指新品的摆放不仅需要醒目的位置，还需要超高的人气。例如，店铺内某些地点并非最醒目的地方，但是这一地点是所有顾客必须经过的地方，新品则可以摆放在此处积累人气。

3. 定位“新品”

定位新品，顾名思义，给新商品一个准确的定位。在突出新品的前提下，还要让新品的价格、档次、风格、款式符合店铺的整体设计，不能单纯为了突出新品而让顾客对某件商品感觉突兀。

新品可以与老款商品进行搭配，但是搭配一定要得当，风格一定要统一，只有在这样的前提下，新品的定位才算得上准确。

总结以上三点的精髓，新品虽然是店铺的招牌，但是同样属于店铺的一部分，陈列一定要符合店铺整体设计，在这一基础上进行突出运用。即新品进店后无论它属于哪一风格、哪一款式，消费者都能在正确的区域内第一时间发现它，这样才算得上陈列巧妙。

作为专注裤装产品多年的威尔浪，我们曾打造过无数新产品，对于新品的店铺陈列技巧，我们同样是在无数次碰壁中总结而得的。今日我们将多年来宝贵的经验分享给大家，力求改善当前众多裤装店铺无法提升销售业绩的现状。

当今时代可以称为服装行业的黄金时代，因为中国市场融入国际市场的速度不断加快，中国消费者对新兴潮流元素的追求越发强烈。在这种前提下，商品不断更新换代，新品更是层出不穷，如果我们可以把每一款新品运用得当、陈列巧妙，那么我们的企业、店铺也会像中国市场融入世界一样，展现出惊人的发展速度。

搭配：满足顾客整体着装效果，引爆销售

既然我们把商品称为店铺的生命，营销称为店铺的灵魂，那么两者之间必然存在千丝万缕的联系，两者必然相辅相成、缺一不可。事实上，威尔浪多年的销售经验告诉我们，两者的关系虽然紧密，但绝对不是并列的，因为商品是营销的基础，营销是商品的升华，商品可以诞生营销，而营销却无法诞生商品。

所谓商品诞生营销，绝对不是指依靠导购员使用营销策略进行的商品营销，而是指利用商品自身来吸引顾客、打动顾客，促成消费行为。这对于一家设计巧妙的店铺而言并不是难事，因为实现商品的合理搭配就可以产生这种效果。

威尔浪在多年的裤装销售过程中，依靠巧妙的商品搭配吸引了无数顾客。我们不仅专注于裤装生产销售，更明白合理的搭配绝对可以让自己的商品成为店铺中的闪光点。

情境案例

某品牌裤装专卖店内，各种商品陈列整齐，款式统一地摆放在各个货架上。顾客进门后便可以轻松找到自己喜欢的商品，因此这家店铺内每日都会有大量的客源。

那么这家专卖店的销售情况是否一样喜人呢？情况却并非如此，虽然这家店内每天都会吸引大量顾客，但是其中很多顾客拿起商品比对、试穿之后，摇摇头走出了店铺。店长为此十分苦恼，当他与导购员向客户推销时，很多客户都会以“不符合我的风格”“感觉效果不是很好”为由拒绝他们的服务。

错误搭配

- 这家专卖店的商品搭配存在明显问题，虽然商品陈列位置非常好，但是缺乏合理搭配，导致商品最佳效果无法呈现。

- 这家专卖店缺乏恰当的陈列道具，作为一家裤装店，商品不仅仅需要巧妙搭配，还需要借助其他道具体现商品的特色和立体感。例如，西裤专卖区域内一定要有穿戴衬衫、领带的模特与西裤搭配展示，而试穿区域也一定要配备各个型号的皮鞋让顾客搭配试穿。

威尔浪经验分享

商品的陈列并不是简单的摆设，合理的搭配十分重要。很多裤装专卖店店长对自己的店铺存在这样的误解：我们是裤装专卖，裤子与裤子之间根本不可能产生任何搭配，按照款式、风格进行分类就算合格的商品陈列。

事实上，商品的搭配不能存在局限性。裤装店内同样可以出现西装、衬衫、皮带、领带、皮鞋。只要这些辅助商品可以突出我们商品的特色、效果，那么它们就是我们店铺的必需品和获利途径。

商品搭配需要讲究技巧与方法，按照个人爱好进行简单搭配往往不能满足大众需求。作为专业的裤装设计生产商，威尔浪认为裤装店的搭配只有满足了所有顾客的整体着装要求，才能够引爆销售。

威尔浪店铺商品搭配方案

除了我们上面提到的辅助品搭配方式之外，更重要的是，我们要学会进行商品的自主搭配。以威尔浪的裤装专卖店为例，在我们的专卖店内裤装占据了95%的产品比例，然而通过我们的巧妙搭配依然可以起到吸引顾客的效果。

那么，威尔浪是如何实现裤装之间搭配的呢？

色彩是实现商品搭配的最好途径，在相同的款式、风格区域内，将商品按照不同色彩方案进行搭配，不仅可以减少店铺内商品单调的气息，更可以呈现出不同主题、不同环境，以及不同的视觉感受。

威尔浪的商品色彩搭配绝非简单的商品之间的搭配陈列，而是在店铺整体色彩搭配基础上，实现商品色彩完善、点缀，通过这些色彩的呈现来打造一个吸引顾客的店铺。

现在我们与大家一起分享威尔浪商品的五种色彩搭配技巧。

1. 商品配色重点

关于商品配色的问题，我们一定要考虑到店铺的整体色彩的平衡。商品的色彩可以与店铺内色彩形成鲜明对比，但绝对不能制造出巨大的反差，如红色与绿色搭配，红色与黑色搭配，等等。

2. 商品之间的配色协调

通常店铺色彩协调有赖于商品之间的搭配。同色相、同色系商品配合时要有色泽度的掌握，且符合店铺设计色彩方案，符合店铺主题。例如，春天气息主题的店铺设计中，灰色商品陈列搭配则不能过于突出，否则会破坏店铺整体气氛。

另外，色差较大的商品之间也不能进行搭配，否则会令一些商品显得陈旧，或档次有所下降。

3. 商品色彩搭配要与季节相切合

裤装店的商品会随着季节发生变化，其颜色搭配自然也需要有所调整。一年四季中不同的季节，店铺应该呈现相应的色彩。例如，春天就应该体现出生机盎然的纯洁色彩，如白色、青色等；夏天则是凉爽无比的降温色彩，如蓝色、绿色等。

4. 商品配色要与档次配合

对于一些高品质的商品，色彩搭配更是需要高要求。如果色彩搭配出现问题，很多高档商品会变成低档货，甚至被顾客所讨厌。

高档商品的色彩搭配主要突出气质，即我们展现的色彩需要典雅高贵。其实类似的色彩搭配并不困难，只需要看一看电影中出入高档场所的明星们如何搭配色彩便可得知，如商品单色调搭配——白色、黑色；商品双色调搭配——黑白、蓝黑；等等。

这些色彩的搭配不仅可以确保商品的档次，对于顾客而言也是不错的穿着色彩搭配方案，可以由此提升商品的附加价值。

5. 商品色彩按照年龄、肤色进行搭配

为了确保我们的商品满足各种人群的需要，在颜色搭配之时，我们需要按照年龄、肤色制订不同的搭配方案。

例如，威尔浪就在自己的专卖店中按照不同肤色设立了不同的色彩区域，并明确指导导购人员根据顾客的肤色进行正确的服务，帮助顾客更快找到适合自己的商品。

目前，很多店铺中越发重视这种商品色彩搭配，并且将这一色彩搭配原则列入商品陈列技巧当中。不同年龄段的顾客、不同肤色的顾客可以在特定区域，选择适合自己的、颜色多样的商品，很多店铺的销售业绩都得到了明显的改善。

以上五点是威尔浪色彩搭配的主要技巧。商品的搭配是一种技巧，更是一项专业工作。作为服装行业的后起之秀，威尔浪在服装销售市场中不断实践，透彻分析，才总结出这些色彩搭配的方法。

其实，色彩是最吸引人眼球的元素，当我们把色彩融入到商品搭配当中，便为我们的店铺注入了全新的发展力量。裤装专卖店不同于其他服装专卖店，我们销售的主体只有裤装，这导致我们无法呈现过多的套装搭配方案。然而这并不代表我们无能为力，当我们将自己的商品用色彩和实用性呈现出来后，便可以展现不输于他人的市场竞争力和不输于他人的美好前景。

变化：常变常新，不断吸引顾客注意力

随着商业时代的发展节奏不断提升，裤装店的升级速度越发加快。在这种多变的形势下，威尔浪认为在店铺设计、店铺陈设上，有一个关键词语非常重要，这就是“变化”。

对于裤装店而言，变化并不是针对店铺，从根本上来说是针对商品的。商品的陈列需要随季节和店铺发展进行调整，而商品的样式、风格、款式都需要进行及时的更新。这是威尔浪在不断发展壮大过程中获得的感悟。

以橱窗为例，威尔浪的橱窗是经过精心设计的，我们的宗旨是，让顾客每一天都可以通过威尔浪的橱窗感受到我们的用心，让威尔浪的成长充分展现在顾客面前。

这是威尔浪多年不变的发展宗旨，更是我们提升的主要力量。

作为专业的裤装店，我们的发展容不得丝毫懈怠。目前很多裤装店会出现类似的情况，裤装店的管理者在店铺赢利的情况下不会轻易更新、改变店铺的布局，商品的更新交替更是轻易不动。然而，这并不是一种良性的发展状态，也不是主动的发展态度。作为专业的裤装企业、专业的裤装店管理者，我们明白，变化是我们应该具备的发展因素，忽略变化，我们则会被变化的市场所淘汰。

情境案例一

某品牌裤装店内，人流拥挤，生意爆棚，店长自然忙得不亦乐乎。一天的工作完成后，店长发现今日收入不菲，尤其是一些当前流行的裤装，销量十分惊人。

于是，店长决定把畅销的裤装全部放到最醒目的位置，并且未经过自

己同意，其他人绝对不能进行更换。

这种店铺格局持续了一周左右的时间后，店铺的销量开始发生变化，销售业绩大幅度下降。而店长却不知道问题究竟出在哪里，只能不断地怨天尤人。

错误格局

● 畅销品的陈列位置不对。因为畅销商品的作用不仅仅是获利，更是带动其他商品的销售，如果我们单纯突出畅销商品，那么其他商品则会被忽略。

● 商品更新速度停滞。店铺商品的更新停滞则代表店铺的发展停步，如果顾客感觉店铺发展停滞了，那么店铺的吸引力便消磨殆尽了。

威尔浪经验分享

裤装店的陈列需要不断地更新，不断地升级，以便带给消费者这样的信息：店铺正在良好发展，紧跟时代潮流。这种变化产生的效果可以直接转化为对顾客的吸引力，而这种吸引力恰恰是我们实现最佳销售效果的重要基石。

威尔浪在店铺商品更新换代上，有自己特有的原则。我们的商品不仅符合时代潮流，还要突出威尔浪的特色和品位。在满足大众需求的前提下，帮助顾客把握未来潮流的方向，让顾客永远走在潮流的前沿，这是我们的一贯宗旨。

情境案例二

某品牌裤装专卖店内，店长为了向顾客体现店铺的良好发展，每日定时更换店铺橱窗内的商品，而且店铺内的陈列也会按周进行大幅度调整。例如，本周休闲区商品销售情况良好，而传统裤装区销售业绩一般，那么店长会利用周末的时间将两个区域的商品进行对换，以此期待传统裤装的销售业绩可以有所改善。

虽然，这家店的商品陈列变化速度非常快，然而发展速度却十分缓慢。在一些老顾客眼中，这家店非常奇怪，好像店长十分喜欢玩捉迷藏，总是想方设法把商品藏起来，要费力才能找到想要的商品。

错误格局

● 橱窗商品更新过快。橱窗模特是裤装店最直观的宣传栏，是店内商品更新换代的最直接表现。然而橱窗的更新也需要遵循一定的规律，时间过短覆盖面有限，有些风格、款式的商品还没有被大众消费者看到就被替换掉，起不到良好的宣传作用。时间过长则会给人店铺发展缓慢的感觉，会为店铺带来负面影响。

● 商品陈列更新方式存在问题。商品陈列更新的正确方式是用畅销的商品带动销售缓慢的商品，但是绝对不是简单依靠畅销商品与停滞商品的位置对换。

威尔浪经验分享

任何一家裤装店铺，商品更新都是必备的发展因素，但是商品更新也需要讲究方式方法。我们的商品更新并不是为了做给客户看，而是有目的、有作用的店铺发展行为。

威尔浪对多年店铺发展经验进行总结后得出，商品更新需要注意以下三个重点。

（1）商品的更新并不是为了简单的视觉差异，而是为了让顾客感觉到时尚与潮流。

（2）商品的更新是为了帮助顾客根据自己的品位和自身的条件找到适合自己的商品，所以我们的更新一定要合理，一定要有规律。或是按照当前市场流行的风格，或是按照销量的搭配，但是绝对不能为了变化而进行变化。

（3）商品的更新需要符合店铺自身的情况。如果我们的展示空间有限，则需要稍稍加快展示区的商品变化，在不影响商品定位的前提下，最大程度展示店铺的风格与品位。

威尔浪店铺商品方案

对于裤装店而言，常变常新是发展法则，但是变化要有度，变化要有法，正确的变化最能够吸引顾客的注意力，最能够提升商品的销量。

（1）裤装店的橱窗是我们变化的重点。这是为顾客展示店铺商品的第一广告牌，需要我们精心设计，才能够发挥最大宣传作用。

对于橱窗的变化，很多店长认为，定期按照季节和市场需求更新商品展示就足够了，这样橱窗的作用便发挥了。其实不然，橱窗的变化不仅仅针对商品，灯光、背景、商品密度以及模特动作等都是需要重点变化的对象。

灯光的变化其实非常简单，因为灯光的主要作用是烘托商品，为商品营造氛围，在灯光方面我们的变化原则就是，跟随产品的变化最大程度突出商品。

背景的变化原则也很简单，对于橱窗而言，背景大多是按照季节变化的，其目的是为了烘托产品的使用效果，例如冬天用雪地背景，春天用鸟语花香背景。

商品密度与商品款式有密切的关系，因此变化规则也需要按照商品的特性进行，如加厚的衣服不宜密度过大，体现风度的衣服也不可密度过大，而一些大众潮流和当前流行商品则可以尽量多摆放。

模特动作的变化其实也不困难，我们只需要按照当前商品的款型和图片，对模特的造型进行及时更改便可。

总体而言，虽然橱窗商品变化因素看似简单，但是这些因素需要相互配合，相互促进。可以说，当这四点因素总体变化之后，所展现出的商品效果是超出我们想象的。

（2）店内商品的变化。店内商品的变化除了正常的更新之外，有一点是我们必须遵循的，这就是畅销品与滞销品的合理搭配。很多店长只懂得要最大程度确保店铺的赢利，却不懂得利用畅销商品激发店铺的内在潜力。

商品搭配的变化，可以促使店铺内的商品销售产生一系列的连锁反应。

只要我们搭配得当，一件商品会随另一件商品变得畅销，再进一步进行搭配的变化，更多的商品会变得畅销。

所以对于裤装店而言，商品变化是促进店铺发展和店铺赢利的重要因素。把握好这个因素，可以帮助我们获得强大的发展动力。一家优秀的裤装店不仅要为顾客展示优秀的商品，更要展现时尚的面貌，巧用我们的商品，巧用我们的店铺，我们就会给顾客带来更多的与众不同的体验。

卖点：好陈列头脑风暴

世界顶级营销大师菲利普·科特勒（Philip Kotler）曾说过：“营销就是发掘、维系并培养具有获利性客户关系的科学与艺术。”这位大师的格言直接道明了店铺营销的本质，即商家与顾客之间需要建立一种特定的关系，这种关系基于价值导向，通过商家的主动服务达成双方的密切互动。

总体来讲店铺营销主动的是商家、企业，而主体则是客户。其实，营销更像是一场资源争夺战，顾客就是我们一切的来源，我们不仅需要思考如何拉拢顾客，还需要和竞争对手赛跑、角逐，通过运用我们的头脑赢得最后的胜利。

威尔浪在多年市场竞争中认识到，好头脑可以引发销售风暴，只要我们具备了超前的销售头脑、经济头脑，无论我们处于哪个位置、哪个阶层，都可以有所建树，有所收获。以威尔浪店长与销售人员关于陈列的头脑风暴为例，我们专卖店的每一位成员都拥有自己对陈列的独特见解，而且在工作中会主动将这些思想见解呈现出来，通过彼此的交流、学习，为店铺营造符合潮流的陈列格局，并在工作中不断总结、不断改进、不断完善，以确保我们的店铺永远符合顾客的品位，满足顾客的需求。

然而，当今市场中大多数企业和店铺工作人员都缺乏足够的销售头脑，尤其是处于销售基层的导购人员，往往缺乏有效的思考和主动意识。导购人员通常会完全遵循店长的指示对商品进行陈列，而不去思考这种陈列的效果如何，更不会思考当前的店铺格局有何缺点，这导致很多店铺的格局平淡无奇、缺乏卖点。因为店长以及管理者虽然具备营销头脑，但这对于一家店铺而言仍然是远远不够的，只有店铺中所有人员都集思广益，发表自己的观点，最后优化整合，才能够为店铺营造更多的销售风暴。

情境案例

某品牌裤装店内，清晨6点，各导购人员正在按照店长的指示紧锣密鼓地进行着商品陈列更新，所有人都在追求效率，忙得满头大汗。当众人辛辛苦苦赶在店铺正常营业时间前将陈列更新好后，没想到第一位进店的顾客却对店铺格局提出了意见。

顾客讲道：“现在是秋季，你们把过季的夏装摆放得如此醒目，让我感觉你们店的定位不准确，虽然进去观看后发现里面有不少我想要的商品，但是你们的这种格局实在有些不伦不类，我想商品应该也不会太好吧。”

听完顾客的意见，一位导购人员讲道：“早晨大家更新陈列过程中我就发现了问题，这么摆放商品肯定会为顾客造成心理误区，顾客会认为咱们店仍在主营过季的商品。”

另外一个导购员也讲道：“就是就是，早晨更新过程中，我就感觉，这么多好空间白白被浪费了，实在可惜，看来一早晨的辛苦是白费了。”

店长听完后十分恼火，对导购员说道：“关于店铺格局更新，以前我就开过讨论会，会上大家都不发表意见，早晨陈列过程中也没有人有意见，怎么现在都变成了‘事后诸葛亮’，难道问题都出在我一个人身上吗？我也只是为了减少店铺的库存压力才设计这个格局的，为什么现在责任都推到我一个人身上了？”

错误头脑

- 店长营销头脑存在问题，单凭理想主义进行商品陈列。
- 店铺导购人员意识存在问题，不懂得及时发表自己的意见。
- 店铺所有工作人员态度存在问题，相互之间没有配合。
- 店铺经营发展方式存在问题，缺乏系统的团队销售制度。

威尔浪经验分享

营销是企业、店铺为实现产品销售而进行的所有活动，其中包括领导者和执行者以市场和顾客为基础产生的营销策略、营销思想、营销行为。一家优秀店铺的经营需要合格的管理者，但是一家店铺的快速发展则需要整个团队的力量。

威尔浪的发展守则中有这样一条明确的规定：威尔浪的团队管理人员有义务，更有责任带动团队成员的发展。威尔浪的专卖店中，店长必须定期开展“头脑风暴”分享会议，以此提升威尔浪的整体发展力量。

威尔浪“头脑风暴”分享会议方案

威尔浪的“头脑风暴”分享会议是我们发展过程中能力提升的主要方法，现在我们将威尔浪“头脑风暴”分享会议的提升方法与大家一起分享。

威尔浪的“头脑风暴”分享会议是一种以白板删除法进行分享的会议，我们会组织领导者将所有团队成员的营销观点进行收集，然后写在白板之上，通过优化、结合、删除的方法，找到最终的市场卖点。

具体步骤为：

（1）终端零售的威尔浪员工，从导购到中高管经理汇聚一堂，随后我们可以根据店铺的规模进行最终汇总分析。

（2）参与会议的人不分等级找出至少两个以上创新观点，而且各个营销团队要按照自己的观点，与其他团队进行 PK。

（3）会议机制。

① 创新点子发布团队轮流发布创新点子，不能重复；

② 创新点子最多的一方获得一定奖励；

③ 奖励的方式，团队 PK 承诺或企业赞助；

④ 发布点子的标准，清晰发布点子内容及三个可实施的理由。值得注意的是，对最终采纳实施的点子，企业会再次颁发创新奖或其他奖励。

（4）所有创新点子由记录员登记在黑板上。

（5）以团队为单位，优选出前十最佳创新点子，并表述三大可实施的理由。其余各团队未入选项备案后在白板上删除。

（6）在团队递交的前十大创新点子中，排序找出团队投票最多的创新点子，票数相等的保留。其余备案后在白板上删除。

（7）团队递交前三创新点子并表述三大可实施的理由。这条是对前十大排序的再次复核，这是必需的。因为有的点子很好，但可实施性有待评估，复核是对前十大优选点子可实施理由的评估。

（8）在团队递交的前三大创新点子中，排序找出团队投票最多的创新点子，票数相等的保留。其余备案后在白板上删除。

（9）中高管依据态势分析法，分别对前三创新点子进行评估回应。

通过态势分析定向、白板删除法生发智慧，不仅会找到创新促销的点子，一旦形成会议习惯，企业全员都会关注创新促销技术，让企业有了自动自发的促销技术生成平台。当然，管理和培训皆可举一反三。

威尔浪的“头脑风暴”分享会议，对于我们的每一家店铺而言都是最佳的改善方法和发展动力。对于威尔浪的员工，“头脑风暴”分享会议明确了导购员的工作重心、工作思想，以及未来的成长方向；对于顾客，“头脑风暴”分享会议可以满足顾客的各种需求，帮助顾客永远走在潮流前沿。

所以，威尔浪希望能够将自己的“头脑风暴”分享会议传播开来，让大家都拥有一套寻找市场卖点的好方法，让所有人都可以在自己的店铺中发现卖点、创造卖点，并利用卖点提升店铺销售业绩。

第五章

VIP 服务

——持久创造好业绩的“定海神针”

VIP 含金量：提高 VIP 顾客档案的“含金量”

根据资料表明，商家 80% 的利润，都来源于固定的 20% 的忠实客户，也就是我们常说的“回头客”，由此我们可以看出老顾客在整个销售链当中处于举足轻重的地位，只有紧紧地抓住这 20% 的客户，企业才能长久地立于不败之地。

于是，很多店铺都想通过设定 VIP（贵宾）客户档案的形式，来锁住老顾客。但是很多企业在设定 VIP 客户档案的时候，常常出现很多问题，导致 VIP 客户资料的含金量不高。一般来说，VIP 客户资料具备客户群体复杂、资料杂乱等特点，所以我们要不断地进行梳理、分类和管理，便于快速地掌握客户群体的真实情况，通过发放 VIP 客户卡的形式，让客户感受到店铺对他们的重视，用我们真实的服务让消费者的满意度增加。

情境案例

小张在某裤装店购买了一条牛仔裤之后，觉得十分满意，多次购买之后便成为这家店铺的 VIP 客户。店铺为小张办理了 VIP 金卡，每逢节假日有打折活动，总是第一时间以短信的形式把打折日期、打折力度发送给小张，在小张生日当天，更是第一时间发短信祝福，这一系列的举动，让小张感动不已，小张也因此成为这家店铺的忠实客户。小张购买的裤子 80% 以上都来源于这家店铺。

威尔浪经验分享

对于持有 VIP 卡的客户来说，往往会有荣誉感和优越感，可以强烈地感受到来自店铺的重视。商家通过让利的行为，让客户得到长期的实惠，从而带动老客户进行反复消费，这样使客户体系得到了维护与升级，为企业的良好发展奠定了基础。

很多时候，客户的口碑比一张复杂的展示图更有效果。加强与VIP客户之间的互动，可以让我们更加了解客户的喜好，无论是在产品设计还是在营销上都具有非凡的意义。

威尔浪分享如何制作有“含金量”的客户档案

好的营销离不开数据的分析，假如一家店铺导购员不停地抱怨没有客户，无法对数据资料进行一些终端的分析，要看店铺究竟是在客户群体定位上还是在营销上出了问题。每家店铺都应该有一套全面的客户资料，更应该整理成为数据库。我们在设计顾客资料问卷时，可以从下面几方面入手。

1. 硬件档案

威尔浪认为，每家商铺都应该完善自己的客户硬件档案，通常可以采取问卷调查的形式，下面几项如客户的姓名、性别、民族、年龄、邮箱、住址、电话号码、服装码数、消费金额、消费产品款号等都是硬件档案的重要组成部分。

2. 软件档案

软件档案的构成，主要包括消费者的工作状况、家庭状况、性格倾向、个人消费习惯、个人着装喜好、日常娱乐爱好、生活习惯、喜欢的服务方式、对促销信息的接受情况、价值观等，这些资料可以让我们间接地了解客户的喜好以及审美情趣。商铺可以把这些资料录入计算机当中，对客户进行分类整理，快速地挑选出优质的“金牌”客户，同时有效地防止客户的流失。

当然，并不是每位客户都愿意向店铺透露自己的个人信息，这就要求导购员在向顾客询问信息时，语气上要多注意，尽量以亲切、轻松的口气进行询问，让顾客放心，并向顾客保证我们进行资料收集是为了更好地为他们服务，且承诺绝对不会对外透露他们的资料。对于那些实在不愿意透露个人信息的客户，商家绝对不能强求，尽可能在与客户的交谈中捕捉有效的信息，如客户不愿意透露姓名，可以询问客户的生日或者通信地址等。

其实录入信息的过程也是拉近店铺与客户距离的过程，在交流中可以尽可能多地了解客户喜欢的款式、颜色、喜好等。只要我们用心服务好顾客，回头客大增定然不是问题。

导购员收集的客户资料，也可以进行有效的评比，评比的方式比较自由，一般来说可以通过量的多少和质的优劣等进行评比。如在第一季度，商家可以对收集客户资料最多的导购员进行奖励，奖励的方式也多种多样，如进行物质奖励、精神奖励等；第二季度，可以采用质的比较方式，评选出录入客户资料最为完整的导购员进行奖励；到了第三季度，可以采用“抽签”的方式对资料进行有效的评比，选出收集资料完整性强、真实度高的导购进行奖励，而对做得最差的员工进行惩罚。

有“含金量”的VIP客户资料收集之后，接下来就是要做好日常的客户维护工作，尽量让普通客户变成老顾客，老顾客变成忠实的VIP顾客，这个过程同样也是不断汲取经验教训的过程。要想留住客户，首先要知道究竟是什么让客户丧失了购买我们产品的兴趣，顾客的流失其实是一个严重的问题，只是很多商铺尚未意识到。大多数顾客离开时常常选择无言地离开，不会说出心中的不满。这就需要我们主动出击，让顾客进行有效的投诉。导购员可以主动把店铺的客服电话留给顾客，告诉顾客若有任何不满意，可以拨打电话进行投诉，对于顾客的投诉尽量以圆满的方式进行解决，让顾客看到行之有效的承诺；或者是导购员定期对VIP客户进行回访，询问客户产品使用效果如何，然后做一个好的意见反馈。

VIP 心服务：让老顾客感动的技巧

VIP（Very Important Person），直译为“重要人物”“要员”“非常重要的人”，在商业活动中VIP被译作“会员”“贵宾”。根据VIP的含义，我们可以体会到这一群体被企业、店铺视作了重要人群，这一群体享受着高于其他人的服务，而且这一群体也主导着企业、店铺的未来发展。

既然企业、店铺的VIP群体如此重要，那么我们应该如何进行服务呢？在《卖服装就是卖服务：令顾客无法拒绝的销售术》一书中有这样一段评论：所谓“干哪行像哪行”，导购这一职业的特性决定了从事导购的人需要具备“商业气质”。就像舞蹈演员站在舞台上，从音乐响起的那一刻起，他们马上就能产生一种强烈的表演欲望、一种发自内心的激情，并通过肢体语言将内心的感受淋漓尽致地传递给观众。想要达到这样的境界，需要舞蹈演员与生俱来的对音乐、动作和美的感悟，这也是作为一名舞蹈演员应该具备的素质。

如果我们把这段评论视为对待VIP客户的态度，那么无论是店长还是导购员都可以让VIP“观众”感受到企业、店铺的精彩。

情境案例

某品牌裤装店内，一位店长正在盘点店铺新进购的商品。导购员发现，店长手中不仅有店铺的商品进购清单，还有一份店铺的VIP客户信息表。于是一位导购员问道：“店长，为什么您核实商品信息还要参考店铺的VIP客户信息表呢？”

店长反问道：“现在我们店来了新品，你们觉得我们首先应该推销给哪些顾客呢？”

导购员回答道:“那要看明天哪些顾客率先光临咱们店铺了。”

店长随即笑着回答道:“如果这样做，我们店的销售业绩永远无法超出同行。大家可以换位思考一下，如果我们经常光顾某家店铺，而这家店铺到了新品之后，我们是否想第一个试用呢?”

“我明白了，等我们登记完商品信息后，我会第一时间给所有VIP客户打电话，通知他们我们店的新品到货了，并请他们尽快光临咱们店铺。”

“如果我们这样做，你觉得会有多少VIP客户光临呢?我们的销售业绩能提升多少呢?”

“不知道……”

“所以说，你现在的这种营销思维还是存在偏差的，属于典型的惯性思维。如果我是VIP客户，接到这样的电话会当作普通的推销电话，根本不会产生太大的购物欲望。我经常对你们讲，做服装导购员就是在展示我们的服务，只有我们的服务与众不同，打动顾客，我们的销售业绩才会有所提升。现在我正在按照VIP客户的个人习惯、着装风格进行新商品的分类，一会儿安排你们带着对应的新品到VIP客户家中进行上门服务。要记住，用心服务才能够表现我们的真诚，用心服务才能够感动VIP客户，他们是我们利润的主要来源，所以他们一定要享受高于常人的服务品质。”

威尔浪经验分享

服务的品质很大程度上决定着最终的销售结果，无论是导购员还是店长，我们都应该有这种觉悟。目前中国市场中，服务质量最好的企业是餐饮行业的海底捞公司。这家火锅连锁店可以为所有顾客提供其他公司VIP客户都享受不到的优质服务。

例如，顾客在海底捞等待上菜期间，服务人员会利用这段时间为顾客擦皮鞋、剪指甲，顾客会感觉到进店后的每一分钟都是在享受，时间没有丝毫浪费。

而且顾客在海底捞当中的各种要求都可以得到最大化满足。例如，一位顾客点了一份羊肉，吃完后感觉自己没有吃饱，但是如果再点一份必然会剩下，这种情况下顾客便问服务员，能否点半份。这一要求在绝大多数火锅店中都是无法得到满足的，但是在海底捞却可以。服务员会很爽快地答应顾客的要求，并且称赞顾客有节约粮食的美德。

这就是VIP级别的专享服务，这就是海底捞店铺门前经常有人排队等待用餐的原因。

威尔浪VIP用心服务打造方案

所谓用心服务并不只是简单地表达我们的真诚，而是需要思想的转变和深度的思考。

思想的转变是指我们要跳出惯性思维，不要按照常规思维思考问题。以案例中导购员的思维为例，他的惯性思维体现在VIP顾客想要第一时间体验新品就应该自己进店挑选。因为顾客自己上门是合理行为，而送货上门则违背常规。

我们为VIP顾客提供的用心服务，恰恰需要我们跳出这种思维模式，站在VIP顾客的角度思考，自己最希望得到什么样的服务，自己可以享受到与普通顾客有何种区别的服务。这些服务才是最能够打动VIP顾客的营销技巧。

另外，我们还需要一些深度思考。这些深度思考只需要遵循一种模式即可，这便是“为什么不能……”。事实上，只要我们进行了这些思考，我们的VIP服务就可以做得更到位。例如，我们可以思考“为什么不能为VIP顾客提供上门服务？”“为什么不能够满足VIP顾客的各种需求？”

对于这些思考，如果我们找不到确切的答案，那么我们就应该提供到位的服务。在不影响企业、店铺利益前的提下，最大化提供类似服务，才能够让我们的VIP客户享受到与众不同的服务。

在销售活动中威尔浪永远坚信一点：服务并不是一种模仿、一种固定模式，而是由心而发的自主活动，只有我们用心服务，才能够提升服务质量，一切模仿他人的服务行为只能得其表，永远得不到其中的内涵。

VIP吸金术：增加VIP顾客来店频率的技巧

任何一家能够长久发展的裤装店，都需要稳定的客源，如果客源不稳定，所有裤装店都会伴随着长期的生存危机。这就是诸多裤装店制订VIP服务的主要原因，吸引客源、稳定客源才能够让利润更丰厚、更长远。

威尔浪在制订自己的VIP服务过程中，总结出了增加VIP顾客回头率的三大要素，通过对这三大要素的把握，威尔浪提升了自己的VIP服务品质，并增加了VIP顾客的黏性与购物频率。

第一，确保店铺的宣传到位。VIP的宣传推广工作不同于其他宣传，只需要将商品广告做得到位即可。VIP宣传工作要附带升级版的服务措施，让VIP顾客在最轻松的环境下获悉我们的宣传推广，并且不能影响到VIP顾客的生活。

第二，突出VIP服务的与众不同。顾客之所以在意VIP身份，很大程度上是因为自己可以享受到更体贴的服务，获得更多的权益。但是目前很多店铺对这一点的理解存在差异，很多人将VIP服务简单认定为获得更多优惠权利的服务，例如购买商品可以打折等。事实上，这只是VIP服务的其中一点，如果我们把这一点当作全部，那么VIP服务将毫无特色可言。

既然VIP被译作“重要的人”，那么我们就要对这一重要人群付出更多努力，体现出这一群体的更多优势，以此来突出我们对VIP顾客的重视，使VIP顾客感觉物超所值。

第三，贴心的生活服务。VIP服务不能只停留在销售过程中，局限在店铺范围内。专业的VIP服务应该覆盖到顾客的生活当中，例如帮助顾客搭配衣服，为顾客提供上门服务，等等，这些特色服务才是VIP顾客与我们长期保持黏性的关键所在。

情境案例

某品牌裤装店内，一位VIP顾客上门购物，同时店中还有其他顾客。导购员虽然热情地接待了这位VIP顾客，但是这位VIP顾客对导购员没有露出丝毫满意的表情。经过简单的商品挑选后，VIP顾客转身走到了柜台前，对店长说道：“我对你们店的VIP服务特别不满意，你们店铺的VIP服务除了享受购物折扣之外，毫无特色可言。从我进店开始，你们的VIP服务与常规服务没有任何区别，我根本感受不到任何超越普通顾客的特色服务。现在我决定注销VIP身份，以后也不再来你们店了。”

威尔浪经验分享

虽然这位VIP顾客进店后导购员的服务没有任何不周到之处，但是对于VIP服务而言，仍然存在着不足。顾客肯付出较大资金注册成为我们的VIP客户，其中除了对我们的信任之外，还有一种高品质服务的需求。只有这种需求获得满足，顾客才会认定自己的VIP身份。

很多店铺的店长、导购员都认为VIP服务十分困难，VIP顾客也十分难缠。事实上并非VIP顾客难缠，而是我们的服务存在不足之处，导致VIP顾客有所不满。以案例中的情形为例，VIP顾客进店之后，我们可以选择两位导购员进行服务，或者店长亲自接待，这才是正确的做法，而如果我们无动于衷，那么则是对VIP顾客的不负责任，顾客自然对我们的服务也不会满意。

威尔浪高品质VIP服务打造方案

就威尔浪当前的发展形势而言，我们的VIP服务虽然完善，但仍然有待提升。威尔浪在强调每位员工用心服务的同时，还总结出了多种VIP专属活动方案，以此来提升VIP顾客的黏性。

1. VIP顾客生日礼物方案

目前很多店铺中都开展了这项VIP 服务，根据VIP顾客信息登记表中的信息，在VIP顾客生日当天送上礼物、鲜花或者商品，这些无须太大投入的服务，可以打动VIP顾客的心，从而增强VIP顾客与我们的联系。

2. 商品终身服务（本店商品终身免费干洗、熨烫）

这是一种有效提升VIP顾客光临店铺频率的方式。虽然有些VIP顾客来店中是为了干洗、熨烫衣服，但这并不影响我们对其进行营销。例如，在顾客等待衣服熨烫的过程中，为其推荐新品，则可以有效提升我们的销售业绩。

3.VIP顾客感激短信、微信

对于VIP顾客我们要抱有感恩心态，因为这些顾客是我们店铺的主要经济来源，经常发送一些不影响对方生活的感激短信、微信，或者生活小贴士，可以让VIP顾客在生活细节中感受到我们的关心。

4.VIP礼品馈赠

VIP礼品馈赠是指在过节、活动期间，主动为VIP顾客送上礼品，并邀请对方参加我们的活动或者晚会。这种模式在目前十分流行，对于促进店铺与VIP顾客的关系十分有效，当然提升店铺销售业绩也在专项服务范围之内。

VIP顾客是我们的重点顾客，用心提供到位的服务对于企业、店铺而言是一种有效的吸金术。我们需要思考的并不是如何提高VIP顾客的利润获取程度，而是在我们的能力范围内如何最大化提高服务质量，随后我们可以看到利润会伴随服务的提升而升高，顾客黏性也会伴随服务而不断增强。

VIP 好思维：将 VIP 顾客服务变成日常工作状态

做服装生意要想做好做大，无非是要稳住老客户，发展新客户，在发展中不断地将客户队伍壮大。我们常常说顾客是上帝，在日常营销的过程中，销售员要真心把顾客当成上帝。很多商铺为了稳定客户源，常常建立会员制或者是VIP制，对待老客户格外上心，而对待新客户就有些漫不经心。其实，要想发展客户群体，就要真心实意地为客户着想，把VIP顾客服务当成是自己的一种常态，创造销售业绩是我们的职责、本分。而我们做一切顾客维护工作的目的是为了创造销售额，推动品牌形象！

在日常的销售过程当中，店长要不时地对员工进行培训，把“将VIP顾客服务变成日常工作状态”的理念根植于每位员工的脑海之中。将顾客的满意度直接转化成店铺服务，直接与员工的工资绩效相挂钩，成为业绩的一部分。

情境案例

某裤装店铺内，一位女士在新品区内踱步，挑选自己喜欢的商品。身旁的导购积极走向前询问：“女士，请问有什么可以帮您的吗？”女士拿起身边的一条裤子询问道：“你好，我想问下，这款裤子打折吗？”

导购员看了一眼标签，回答道：“你好，女士，这款裤子是我们店铺的新品。请问，您是VIP会员吗？若是会员的话，我们可以考虑给您折扣。”

“哦，这样，我不是会员，不是会员就不能打折？”女士有些面露不悦，放下手里的裤子。

“是的，我们店是有这项规定的。”导购员又说道。

“好吧。”女士转身走出店铺。

错误行为

- 导购员直白地把客户分为VIP客户与普通客户，明确地告诉顾客对于普通客户我们是不打折的，顾客会明显感觉自己没有受到尊重，这种行为严重地打击了消费者的积极性，不利于营销的成功。

威尔浪经验分享

我们都知道人才是一个企业赖以发展的根基，而对于服装行业来说，顾客培养也是极其重要的，它是店铺得以生存下去的重要支持。威尔浪建立会员制度与客户数据库，以固定会员的模式牢牢锁住客户，大大增加了竞争力度。威尔浪旨在做高端品牌裤装，这里为大家讲解威尔浪是如何牢牢锁住顾客心理的。

1. 高品质吸引客户

我们都知道LV、香奈儿、范思哲等这些国际大牌，虽然价格昂贵，但是仍然无法阻挡消费者对它们的狂热追求。其实这一点很好理解，很多顾客都是追求高品质生活的，高端产品往往会引起消费者的关注，服装行业亦是如此，低廉有害的物品是不能引起消费者的购物欲望的。威尔浪作为高端裤装的导航者，以舒适、创意、多元化的特色，让高品质的理念深入消费者的心中，当客户享受高端的服务理念与独具特色的服装创意时，自然无法忍受低廉无设计感的裤装，自然愿意投入威尔浪的怀抱。

2. 培养高端服务

人对情感的需求是极其强烈的，尤其是无微不至的关怀。威尔浪不仅技术过硬，为顾客带来创意感十足的服饰，而且在威尔浪，顾客可以感受到强烈的尊重与认同感，并产生一种情感依赖。当顾客习惯了威尔浪贴心的服务时，自然舍不得离开。

3. 把顾客当成朋友

我们要想结交朋友，真诚与信任是第一步。对待客户亦是如此，威尔浪用心为客户服务，真诚地为客户排忧解难，把客户当成是自己的朋友，用心沟通交流。对于那些经常光顾威尔浪的客户，威尔浪常怀感恩之心，他们给店铺带来赢利，自然要给一些回馈。当店铺有优惠活动时，威尔浪会主动派专人与老顾客进行交流，遇到客户生日时，主动发一条贴心的短信，真诚用心对待客户，客户自然会爱上威尔浪。

伴随着中国裤业逐步走向成熟化、规范化与品牌化，威尔浪一直走在高端前列。做高端时尚一直是威尔浪所推崇的，在坚持高端的道路上威尔浪竭尽全力，努力将精湛的技术与管理理念发扬光大，让更多的人了解威尔浪、爱上威尔浪。

威尔浪分享如何维护VIP客户

1. 每年都尽可能地举办VIP客户聚会

不仅店铺与客户之间需要交流，客户与客户之间也是需要交流沟通的，店铺可以每年举办VIP客户聚会，尽可能地把老客户凝聚在一起，使之成为朋友与朋友之间沟通的桥梁。每年设定不同的主题，如“产品推荐发布会”“时尚资讯”等，尽可能地将主题与销售结合在一起，在沟通中让客户更加了解商品。

2. VIP客户回馈活动

对于持有会员卡的VIP客户，可以对指定产品进行优惠。如客户生日当天进行购物，可以享受七五折优惠，购买指定产品送相应的搭配产品；对于节假日也进行送礼回馈，如母亲节送康乃馨，“五一”“十一”送保健指导，让顾客不定时地享受一些优惠回馈，这在一定程度上也是可以刺激消费的。

3. 对VIP客户的意见进行整理反馈

举办VIP聚会时，可以咨询VIP客户的意见和建议，在不损害销售利益的情况下，可以按照大部分客户的意见来举办，这样VIP 客户会有一种备受重视之感，为后来的营销打下坚实的基础。

第六章

赚翻天的营销策划怎么做

——老板必学必会

老板必学必会一：师出有名的促销创意头脑风暴

走在大街上，我们可以看到有些店铺门庭若市，而有些店铺则门可罗雀，同一个行业的店铺，为何会出现这种极端的情况？除了商品的质量、门店的位置、商品摆设这些硬性因素，还与营销上是否有好的创意有着很大的关系，我们在这里简称为促销创意头脑风暴。

曾经看到过这样的一个创意方案：一家珠宝店承诺若是圣诞节下雪，消费者当月购买的珠宝将全部免单。商家一打出这样的广告，那些有消费欲望的消费者自然将选购目标锁定为这家珠宝店，很多人的消费欲望自然也被勾起，为何不赌上一次，说不定赢得免费珠宝。在这样的消费意识下，这家店铺的客流量瞬间暴涨，挤得水泄不通。难道老板真的不怕那天下雪自己赔到关门大吉？

首先，下雪是有一定概率的，其次商家早就为自己购买了“天气保险”，而购买天气保险的钱自然又被分摊到了珠宝的价格上，所以无论怎样，商家都会赚个盆满钵满。这便是创意头脑风暴下带来的巨大营销额。

无论是在何种行业都应该有好的创意头脑风暴，威尔浪每年在营销方案上下足了功夫，巧妙地运用独具特色的创意营销方案吸引了大批消费者，带来了巨大的利润。

情境案例

某品牌裤装店内，一位顾客拿起手中的一条裤子，询问道：“售货员，这条裤子打折吗？”一名导购微笑道：“女士，您好，这是我们店里的新产品，不打折。”顾客似乎有些失望地看了看商品，然后放下衣服径直走出了商店。

错误行为

● 在消费者心中，存在着打折意识，商家直接告诉消费者无打折活动，直接扼杀了消费者的购物欲望。

● 整个店铺既无促销打折活动，也无其他好的营销创意，自然无法勾起消费者的购物欲望。

商家可以进行买一赠一的促销活动，或者是通过薄利多销的营销方案，明亏暗赚，引爆新的购物狂潮。

威尔浪经验分享

营销是一场以经验论英雄的游戏，营销的目的就是为了成交，所以，如何达到成交的目的是商家们应该去思考的。以威尔浪裤装店为例，促销是必不可少的，但促销不是盲目的降价促销，而是需要一定技术含量的。

在这个世界上没有免费的午餐，所以不要以为别人的好业绩靠的是机会运气，机遇总是给那些时刻准备着的人的。所以改变自己的营销观念，同时改变客户的消费观念，是取得业绩飙升的关键。

那么，威尔浪是如何做好促销创意营销的？

1. 尽量了解客户想要什么

如果你不了解你的客户想要什么，是无法完成销售的。要想做出好的创意营销，了解客户心理是第一步。首先商家不仅要引导顾客购买商品，更要做好产品的宣传工作，获得客户的认可与接受，这样销售工作才更容易进行，销售额增长才指日可待，所以改变销售观念，了解客户心理是取得销售成功的第一步。

成交的心理过程有三步：第一步是进入对方的心理世界，即了解客户的心理；第二步是把客户带到他的世界，即慢慢地引导客户；第三步是让客户进入到你的世界，即实现销售的目的。

2. 建立强大的信任感

对于顾客来说，没有人愿意把钱交给陌生人，所以我们要想取得交易的成功，需要建立起强大的信任感，让顾客真心实意地信任你，放心地把钱交给你。要想达到这种效果，最好的方法便是让客户感受到你的专业性，让他们能够百分百地信任你。威尔浪在这方面就做得很好，每位导购都接受过专业的训练，具备专业的素养，可以敏锐地洞察客户的微妙心理。这种效果一般是立竿见影的，可以较快地达成销售目的。

当然，我们也可以分步骤地建立起顾客对产品的信任感。

首先，可以让顾客付出很小的一部分金钱就得到应有价值，并开始获益，这样从开始就培养起了顾客对产品的好感。其次，很多产品在销售的过程当中还可以使用免费赠送试用装的销售模式。再次，在服装行业，我们还可以采用一月可退货的营销策略，很多顾客在购买时常常犹豫拿不定主意，现在，顾客可以百分百地放心购买，这大大地带动了顾客的购买力，而一月之后带着小票退货的顾客实则少之又少。这样的营销模式一方面建立起顾客强大的信任感，另一方面又将顾客面临的风险一肩承担。所以，很多时候顾客只有在感受到你产品的价值之后，才会愿意把金钱交付给你。让顾客享受到10倍的价值，你才有资格享受1倍的回报，威尔浪裤业一直信奉这一点。

所以作为老板，在制订店铺营销方案时，让客户首先体验到你产品的价值再获取利润，远比先获取利润再让客户体验价值有效，很多企业正是错在了这一点上。

3. 努力刺激消费者的好奇心

有这样一个颇为形象的比喻：销售就是变魔术，重要的是引起消费者对产品的好奇心，好奇心可以害死猫，同样好奇心也可以引爆购物的狂潮。所以，如果你的产品可以引起消费者的兴趣或者你对产品的描述可以激发顾客的好奇心，那么作为老板就不用担心产品的营销了。

好的广告语犹如少女身上披的一层薄纱，在隐隐约约之间足以挑拨消费者的神经，更像一个谜语，让消费者忍不住想揭开谜底去一探究竟，而揭开谜底的代价就是去购买去体验。我们常常听到“威尔浪——国际专业裤装”这句经典的广告语在央视或者全国各大媒体上出现，这句广告语把威尔浪追求高品质的一贯作风体现得淋漓尽致。但很多人在听到这句广告语的时候，内心也是有些疑问的，威尔浪真的有广告上说的这么好吗？于是很多人带着这样的质疑的态度去购买。一位顾客在购买了威尔浪西裤后说，穿威尔浪的西裤感觉柔顺又笔挺、刚劲又光滑，使人看起来更精神、更有气质、更具魅力。消费者在广告的指引下购买，在购买中得到验证，正是这种一传十十传百的口碑让威尔浪成为裤装行业的领头羊。

但是企业对广告语的更换也要三思而后行，过于频繁地更换广告语对企业营销百害而无一利，人们对这些广告语的熟知需要一定的时间，而在经济的快速发展下，频繁更换广告语无疑是枉费了前期打下的品牌基础，让消费者一头雾水。前段时间在运动品牌行业，掀起了更新广告语的狂潮，如知名品牌阿迪达斯、李宁等纷纷改头换面，导致其销售额飞速下降，而耐克在坚守“just do it”的广告语下，稳坐运动品牌的头把交椅。

由此我们可以看出，一条好的广告语在整个营销过程中起了重要作用，是品牌营销最为有利的武器。而作为老板最重要的是考虑如何将这件武器打磨锋利，很多企业还有好长的路要走。

老板必学必会二：促销业绩要兼顾店铺美好形象

在进行营销方案策划之前，作为店铺的老板，首先要问问自己；“谁是我们店铺最重要的人？我们要想取得利润的增长，应着眼于哪里？”毫无疑问，这一切均取决于我们的顾客！所有的一切都是旨在让客户满意，这一切做好了，客户才会心甘情愿进行消费。让消费者认定一个品牌很难，不仅要做好促销方案，还要在促销的过程中时刻维护好店铺的美好形象，在促销的过程中要兼顾业绩与形象的双赢，这样才能实现利润的稳固增长。

要在企业形象和业绩上取得双赢，是一场艰难的持久战。面对现在快餐式的消费文化，如何保持业绩的平稳上升，不被外界快餐式的营销策略所影响，是每位老板应该思考和关注的。威尔浪裤业从成立之初到现在已经经历了20年，这20年来威尔浪一贯坚持标准化的生产，已经形成了完善的客户满意度监督系统。在任何一家专柜、专卖店，只要发现有产品质量问题的裤子，顾客都可立即退换。每一件产品在未出厂时便进行大量的检查工作，以尽量避免此种现象的发生。威尔浪经过这么多年的努力，已经建立起良好的口碑形象。

现在一提起威尔浪，消费者首先想到的便是垂、滑、爽，将细节体现得淋漓尽致，尤其是在拉链、挂钩、里衬等细节上细致完美。威尔浪裤装所采用的拉链为日本精品制造的YKK拉链，使用上万次不变形，金属质感极强，不易损坏；缝纫裤子所采用的线为英国有名的高士线，不起球、不缩水、不变色，坚韧度强；而威尔浪裤业的粘衬则采用德国粘合衬，不变形不缩水，定型效果极佳。威尔浪除了在产品质量上积极打造良好口碑外，还努力塑造店铺的良好形象。如商品的陈列、导购人员的仪态仪容、服务等方面，多管齐下将威尔浪打造成国内裤装业的佼佼者。

情境案例

某品牌裤装专卖店内正在搞促销活动，商店内人头攒动，很多顾客在选购商品。通常情况下，老板是喜欢这种情况的，有顾客意味着有销售成功的可能，但是这家店铺的情况却没有想象中那么乐观。由于店铺内顾客较多，导购相对较少，试衣间内人员爆满，且充斥着一些异味，环境极差，再加上震耳欲聋的歌曲，致使导购们听不清顾客的需求。导购们忙得一团糟，刚进店的顾客来不及招呼，又忙着为之前的顾客找衣服的型号，实在无法照顾到每位客户。再加上天气炎热，一些准备进店的客户看到这种场景后，皱着眉头转身就走，这可急坏了老板。

错误行为

- 导购人员安排上有问题。在促销这种特殊时期，为了应付顾客爆满的状况，需要安排好充足的人员，安排好每位导购的工作，这样即使顾客再多再忙，也能够忙得有条理，否则，只会出现案例当中感觉很忙，却又不能极好地抓住机会实现交易最大化的情形。

- 店铺形象没有树立好。一般从顾客的角度来说，当顾客经过一家店铺的时候，店铺的装修风格、音乐、POP、条幅、海报、灯光、商品的陈列等外观设计，能否吸引他们进入店铺，全靠他们对店铺形象的第一感觉。上述案例中选择的背景音乐较为嘈杂，在巨大的人流中没有起到烘托气氛的作用，同时试衣间充斥异味，让整个销售氛围变得更加恶劣，也让后来准备进店的顾客产生抵触情绪，最终造成促销成果不明显。

威尔浪经验分享

顾客在购买商品之前，内心有一个属于自己的满意值。当购买的商品低于这个满意值时，顾客就会觉得买得不值；当高于这个值时，客户就会觉得物超所值。要想增加客户的满意度，让顾客尽可能多地消费，需要不断提升店铺的形象与产品的质量。形象好了口碑足了，自然会一传十十传百，会有更多的人了解这家店铺、喜欢这家店铺、钟情于这家店铺。

其实，要想解决促销高峰期的问题，首先要了解高峰期顾客群的特征。在消费者消费模式中有一种叫从众心理引发的消费，顾客通常有“这个店铺这么多人，质量一定不错”“人多的地方一定不错”等诸如此类的想法。当真正的促销狂潮来临时，要尽可能地抓住机会。

高峰期让导购们又爱又恨，把握得好，自然名利双收，销售额成倍增长，把握不好，只能无力地看着人群走出店铺，眼睁睁地看着顾客进入别人的店。所以，销售细节是店铺管理者不得不关注的。

威尔浪教你如何塑造店铺良好形象

上文中我们提到了在促进销售时要兼顾店铺美好形象的问题，结合案例，我们为大家介绍一下在促销高峰时期如何塑造店铺美好形象。在促销高峰时期，顾客的人数较多，一方面要照顾好每位客户，尽量满足他们的需求，同时又要根据顾客的不同情况，制订出相应的措施，尽可能地增加交易额度，使店铺整体上给人一种忙而不乱的感觉。在促销期间仍然能够感受到来自店铺最为贴心的服务，这样交易额自然就上去了。

那么，究竟怎样做才能塑造店铺良好的形象呢？

1. 招呼好刚进店的客户

从顾客进入店铺的一刻开始，便意味着交易成功的可能，所以要尽可能地照顾好刚进店铺顾客的情绪。如果进入店铺之后发现店铺内导购较多顾客较少，顾客心理上是会呈现一种压迫感的，反之顾客较多时，店员忙于服务其他顾客，新进入店铺的顾客又会产生一种被冷落的感觉。所以店长要合理地安排导购工作，至少保证有固定的导购对新进来的顾客进行礼貌的招呼，即使再忙，也要对新进店铺的顾客给予关注，礼貌性地打招呼“欢迎光临”，让顾客对这家店铺留下良好的第一印象，产生足够的亲切感。

招呼好刚进店的顾客，让他们感受到了重视，可以增加他们在店铺内的逗留时间，提高销售的可能性。

2. 先进店铺的顾客也要照顾好

导购在招呼刚进店铺的顾客时，对于先进店铺的顾客也要照顾到。这就到了考验导购灵活度的时候了。若是产品介绍完毕，顾客在有目的地选择时，导购可以给顾客留下充足的时间思考，正好接待下一位顾客，但是在接待时要做到两者兼顾，不能厚此薄彼，引发顾客的不满。同时在用语上要多注意，尽量面带微笑地回答顾客提出的问题，真诚待人，使用敬语，相信导购的真心顾客是可以感受到的。

威尔浪参考应答如下：

（1）“对不起，您先继续挑选，我过去一下马上就回来，好吗？”

当导购介绍完产品时，可以给顾客留下挑选的时间，但是切记这个时间一定不要太长。在招呼下一位顾客的同时，要兼顾先进店铺的顾客的动向，一旦发现顾客有购买的意向，一定要灵活处理，可以为后进店铺的顾客进行大致的简短介绍，然后及时地出现在有购买意向的顾客面前，并致以歉意，务必不让顾客等太久。

（2）“对不起，让您久等了，请问您需要哪款产品？”

这是一个选择性的问句，尽快地提出问题，了解顾客需求，同时也在一定程度上提高了顾客做出选择的可能性。

3. 保持良好的店铺内外部形象

店铺的陈列、展示台等属于店铺的外部形象，而店铺的灯光、清洁度、导购的仪容仪表等则属于店铺的内部形象，在保证营销的同时，做好店铺的形象工作很重要。

（1）如何做好店铺的外部形象工作？

消费者经过店铺外，首先看到的是店铺的模特及展示台，陈列可以让消费者看到店铺服装的风格，要有主题地进行陈列。模特与模特之间是存在着一定主题联系的，尤其是在橱窗上的陈列，要注意运用灯光等，塑造美感。

（2）如何做好店铺内部形象工作？

①保持清洁很重要。店铺内的卫生工作一定要做好，没有人喜欢去环境差的地方消费。如店铺内部的地板、玻璃柜、货物、商品及其配件等，最大化地保证清洁度，尽量做到一尘不染，严禁在玻璃柜或者货柜上摆放杂物等。在客流量较少的时段要做好卫生清扫工作，让店铺时刻保持清洁。

②更衣室。威尔浪对更衣室的要求是极高的，顾客可以从细节上感受到店铺的高品质。更衣室内必须配备椅子、拖鞋、挂钩、镜子等，且保持干净、卫生无异味，切忌在更衣室内摆放杂物。

③在活动促销前期，应该加强必备专业知识的学习，或者相关的产品搭配，养成独到的审美眼光。导购在上班时间须统一着装，注重仪容仪表，注意言谈举止，在待人接物上尽可能地做到有礼有节，导购的真诚可以很好地打动顾客。

老板必学必会三：触及消费者神经的促销方案精选

每逢节假日，商家促销打折，在看似亏本的促销活动中，往往赚得钵满盆满。我们可以回顾每年淘宝网的“双十一”活动，半价的让利活动让消费者呈现出疯狂的状态。借着光棍节的噱头，商家以独特的炒作方式，仅 2013 年 11 月 11 日这一天，交易额便突破 350 亿元。从电商的成功中，一些店铺也琢磨出一些经典的触及消费者神经的促销方案，照样财源滚滚。

商家进行大甩卖是常有的事情，所以打折并不是一件稀奇的事情，人们也不会因此而大惊小怪。然而曾经有商家在打折上想到“打一折”这样的营销策略，确实有枯木抽新芽的创意。

在日本东京有一家西装店铺，曾经想出“打一折”的营销方案，具体营销策略是这样的，打折的时间为半个月，第一天打九折，第二天打八折，第三、第四天打七折……以此类推，等到活动最后两天的时候采取打一折的策略。商家认为，这种独特的打折方式一旦传播出去，势必会引起消费者的关注，在前期消费者可能持观望态度，但是在观望的同时，产品数量、款式却是有限的，商家不能保证到低折扣时期还有库存。

实际的情况跟商家考虑稍有偏差，在进行促销活动前，商家进行了大量的广告宣传，在打折的第一、第二天，来店铺的人并没有事先预想的那么多，来店铺的顾客也很少买东西，大部分是来店铺确认信息的真实性。从第三天开始，来店铺的顾客呈现出激增的趋势。打折到五六折时，整个店铺便呈现出疯狂的抢购模式，那些原本持观望态度的顾客，在别人的疯狂抢购模式带动下，也禁不住开始抢购，生怕自己喜欢的商品被别人买走。所以，还未等到打一折，店铺的西装基本上销售殆尽。

很多人提出疑问，商家这样大规模地进行打折，真的不会亏本吗？实际上这正是商家的高明之处，看似亏了，实际上商品的价格本来就偏高，且在五六折时已经销售得差不多了，所以，“打一折”只是一个心理战术，换一种营销模式的幌子而已。

情境案例

某服装商店外，一位顾客正在店铺外面向店铺内张望，门口的导购小姐便礼貌地说道：“欢迎光临，本店铺部分商品打七折，欢迎您来选购。”店铺外的女士果然走进店内，经过几分钟的挑选，女士指着一条裤子问导购小姐：“这件裤子打完折后价格多少？”导购小姐走上前来，看了下裤子上的标签，礼貌地微笑道：“不好意思，女士，这件商品是我们店的新品，目前不打折。”

顾客有些疑问地回答道：“啊？这款不打折啊，我觉得价格贵了，你要是给我些折扣，我就考虑买一条。”导购小姐有些面露难色，但是仍然说道：“不好意思，女士，这款真的是新品，我们不打折的。”导购小姐的话刚说完，顾客便放下手里的商品，径直走出了店铺。

错误行为

- 导购的根本目的是为了销售产品，所以作为导购应该具备强烈的销售意识，不能轻易地“放走”每一位顾客，当然这并不是要导购员过分刻意地去销售，而是主动灵活地想解决问题的办法，上文案例中的导购员在业务上明显不够灵活与积极。

- 当顾客提出要求时，作为导购员应该尽量去满足，客户打折的要求被拒绝，自然心里有怨气，这个时候导购员不去积极安抚，而是仍旧自顾自地阐述不打折的事实，无疑是间接加速了销售的失败。正确的做法是，导购员应该积极地向客户陈述物超所值的观念，尽量安抚客户的情绪；若实在不可以打折，导购员应该灵活地帮客户选择同类型的打折商品作为替代品，尽可能地完成此次销售。

威尔浪经验分享

关于促销打折的问题，威尔浪有自己独到的见解：打折是一种常见的促销手段，促销在一定程度上有利于资金回笼，增加销售额，但在一定程度上也让很多消费者养成了一些“坏毛病”，不打折不消费成为很多消费者的消费心态，同时也降低了品牌在消费者心目中所塑造的良好形象，使其丧失了一部分忠实的顾客，所以说打折是一把双刃剑，商家要小心权衡。

所以，商家在打折活动前要先考虑自己的产品是否适合打折促销活动。众所周知，一些知名品牌如香奈儿、LV等高端品牌，在每年的年底或者是春季的时候，会例行调价一两次。这些品牌走的是高端奢华的路线，它们针对的客户群体为高层收入者，这类消费者对产品体验的追求要远远高于产品价格，所以打折促销对于增加销量的意义不大，因为折扣后的价格依然很高，普通老百姓仍旧消费不起，而打折只会降低品牌形象，这也是古驰、香奈儿这些大牌常年不打折的原因。

威尔浪属于典型的设计师品牌，走的也是高端商务的路线，且威尔浪无论在设计还是在生产过程当中，采用的技术均为国内外领先技术，价格并不是影响其销售的根本。即使威尔浪打出极低的折扣，不适合的群体也不会因为一时的低廉而去购买，所以对于威尔浪来说，高频率的打折并不适合。

类似威尔浪这种高端商务设计品牌，可以在节假日或者是换季的时候，进行一些“隐形打折”，如“买多少元产品送指定价值多少元产品”，或者是采用积分制“积满多少分送价值多少元的商品”等，既进行了促销又不会过分降低品牌标准。

一般来说，节假日促销是必不可少的。这其中包含一些促销要点，下面威尔浪为大家简单分析一下。

1. 主题

促销一般是需要借助一定的噱头的，如圣诞节、元旦、情人节、光棍节，等等。根据每个节日的不同，商家制定出相应的主题。这里我们以元旦为例，要举行元旦促销，首先要掌握元旦的节日特点，在新年背景中挖掘出有创意的点子，让自己的商品充分与节日相融合，营造出浓厚的节日氛围感。随着经济的不断发展，现在的消费者大都凭借感觉来进行消费，这样的促销模式更容易引起消费者的共鸣，刺激消费。

2. 礼品

在中国自古就有新年送礼品的习俗，这也是大多数商家做促销方案都会选择的方法。现在买件衣服送个衣架之类的很难被消费者记住，这就要商家想出新意来，如母亲节，除了打些折扣外，还可以送一支康乃馨给客户，在送礼中增加浓浓的亲情味儿，更易打动消费者。

3. 让利

在节假日很多消费者自然是冲着促销去的，如果没有让利，消费者选择你的概率并不是很大。当然，让利也不能盲目地打折，也要考虑到老顾客的感受。做好预算，集中一点进行纵向打折，拉大与其他商家之间的差距，这样就很容易在激烈的促销活动中脱颖而出了。

老板必学必会四：特色化服务

纵观那些优秀的企业，无论是威尔浪、ZARA、苹果还是AMC影城，甚至是汽车领域的奔驰、丰田等品牌，所有这些成功的企业，在设计上都独具特色，有的企业凭借先进的技术，有的企业凭借良好的售后服务，在其领域内一枝独秀。

这些企业的成功告诉我们，要想取得卓越的成就，必须要有属于自己的特色。"买西裤就买威尔浪"已经成为当前消费者的共识，威尔浪以其特色化的服务成为当今男装领域的佼佼者。这一切都源于威尔浪高端的设计与颇具特色的营销理念，以及不得不提的特色化人性服务。

威尔浪裤业的几大特色化服务

1. 品质至尊

威尔浪的消费群体定位在中高档，面向高端市场，与社会精英相携手，成为商界精英、白领、工薪阶层、社会名流、企业家等群体的招牌服饰，成为尊贵与时尚的标签。威尔浪产品通过ISO 9001质量管理体系的认证，畅销国内外裤业市场，靠的就是过人的质量。

威尔浪裤业工艺精湛，采用世界先进的工艺与技术，每一条裤子的设计都融入了当季的流行元素，尤其是威尔浪商务西裤系列，更是融入了棉麻的创意，将西装的重量减轻了三分之一，打破传统西装臃肿、呆板的特点，顾客穿起来更加修身、服帖、飘逸。同时在面料的选择上，采用国内外顶级面料，质量卓越，完全符合环保的标准，其染色剂不添加任何有害物质。

2. 免费干洗

在威尔浪，消费者能享受到前所未有的精品服务，凡是在威尔浪售出的裤子，无论是休闲系列、牛仔裤系列还是高端的高尔夫系列，均可享受全国联网的免费干洗服务。所以，无论消费者在全国哪个城市，只要购买了威尔浪的服装，都将享受终身免费干洗的福利，且不限地点、不限次数、不限时间。在免费干洗的过程当中，购买的产品可免费享受专业的熨烫、修补。威尔浪对于售出的产品进行跟踪式的服务，随时准备好接受顾客的意见，不仅为消费者提供了便利，更为消费者解决了西装保养难的问题，这种人性化特色化的服务，深深赢得了广大消费者的信赖。

3. 良好的性价比

对于服装“价格注水，打折后再进行销售”的传统营销模式，威尔浪是坚决抵制的。威尔浪在价格上倡导“阳光消费”，产品设计优良、裁剪精致，但是在价格上绝对是老百姓买得起、信得过的产品，而且在全国明码标价销售，价格公开透明。

4. 团购优惠

在企业集团统一定制团体装、职业装的业务上，威尔浪有着无与伦比的优势。定做威尔浪工装，除了专享威尔浪经典的品牌美誉之外，还可以享受到威尔浪全方位的品质服务。如在量体、选材、设计上，更加贴心，一般定做的完成周期不会超过15天，让顾客享受温馨便捷的服务，同时加上终身免费干洗的特色服务，无论是谁都值得拥有这样的礼遇。

情境案例

某裤装店铺内，一位年轻的女士怒气冲冲地拿着一条前几日买的裤子，质问导购员：“你看看你们卖的是什么裤子，没穿几天就抽丝了，正巧上级领导来视察，我穿着一条抽丝的裤子算怎么回事，真丢面子，你们的裤子是不是质量有问题啊？”该女士由于气愤，声音明显提高了几个分贝。导购员见顾客十分生气，一时有些语塞。

“抱歉，女士，您先坐下休息一会儿，我帮您看下。”导购员拿起“残次”的裤子，果然发现裤腿上有一块明显的抽丝，于是说道：“女士，这条裤子在售出时若是抽丝严重，您购买的时候肯定会发现，可能是您自己没注意刮坏了，属于人为导致的损坏，这种情况我们一般是不会退货的。”

导购员的话刚说完，客户怒气冲冲地说：“那你的意思是我故意弄坏了来找你们索赔？找你们领导来，我今天一定要把它退掉。”气氛一下子变得极其尴尬。

错误行为

● 要求退货是一件棘手的事情，处理不好很容易造成不好的影响，严重的还会影响到店铺的信誉，之前树立的品牌形象也可能毁于一旦。导购在面对客户提出退货的要求时，即使有理，也要妥善应对。像上文案例当中导购面对顾客不充分的退货理由，在处理上直白指出，不给客户留面子，在责任尚未查清楚之前，先告诉顾客是不能退货的，顾客的反应自然就大了。这种做法显然欠妥，不仅会造成该客户的流失，还会造成一些潜在客户的流失，后患无穷。

威尔浪经验分享

上述案例当中的纠纷在服装销售行业领域是极其常见的，当出现类似的情况时，商家首先要做的是换位思考。导购员每天经手的商品有很多，一百件产品当中出现一件瑕疵品是极其正常的。而对于消费者来说，只购买一件瑕疵产品，就相当于这件产品百分百的存在问题。

威尔浪一般是这样进行处理的，对于客人不小心人为造成的损坏，在公司有面料的前提下，可以收取成本价格给衣服进行换片，让受到损坏的衣服可以尽可能恢复原貌，延长穿着的时间。

面对上述这种情况，有两点需要我们注意。

1. 学会聆听诉求

面对客户要求退货的诉求，商家一定要心平气和，及时地对客户的愤怒情绪进行疏通，切忌双方各执一词，因为两个生气的人是无法坐在一起好好解决问题的。下面几种不妥的应对方式，是导购员切忌碰触的，只会把问题往更加糟糕化的方向推进。如：

“就这点小毛病，您自己回家弄弄就行了，不值得退货吧。”

“您买的时候自己检查过的，是没有质量问题的。”

“您说的是对的，但是我们店有明确规定，这种情况是不能退货的。”

有利的参考应答如下：

“您好，出现这种情况我们也很难过，您先平复下心情，我来帮您看下究竟是什么原因导致的，没有解决不了的问题，对不对？”

“实在是不好意思，麻烦您又跑一趟，您坐下来好好跟我说一下，究竟是什么问题，我尽量帮您解决。”

有句俗语说得好：“嗔拳不打笑面。”面对导购员彬彬有礼的态度，即使有再大的火气也可以平息下去，将问题简单化。

2. 分清责任，酌情解决

待顾客的情绪稍加平静之后，商家可以和客户进行一次心平气和的沟通，对“残次品”做一个初步的判断，确定责任究竟归属于哪一方。若是商品真的存在硬性的质量问题，商家可以根据顾客的要求，进行退换或者退货服务；若责任在顾客一方，则尽可能地想办法帮客户补救损失。

老板必学必会五：跨界营销

近几年来，跨界营销在各领域风生水起，跨界明星、跨界设计师、跨界电商……跨界让世界变得更加精彩，同时也带来了经济的不断发展。

所谓的“跨界营销”，是让原本毫不相干的元素，相互渗透相互融合，从而给品牌一定的立体感和纵深感。如之前搞得如火如荼的大自然地板与长虹电视机的跨界营销，带动了家居产品与电子产品的有机结合，打造出全新的跨界营销模式。

事件的缘起和经过是这样的：随着经济的不断发展，家居行业的竞争更加趋于白热化，为了反击强劲的竞争对手圣象地板，大自然地板首先将之前的E0地板标准进行升级，升级到F4星地板，然后又策划了买地板送电视机的促销活动，在将多家家电品牌进行比较之后，最后将目标锁定在宣称节能环保无辐射的长虹上，这与大自然地板推崇的绿色环保品牌与零碳产品的理念是基本吻合的。两个企业一拍即合，如此大成本的促销，是那些买家电送锅碗瓢盆的促销活动所无法比拟的。果然这一活动刚刚推出，商家便财源滚滚。大自然地板与长虹彩电强强联合，这次跨界营销可以说是打了一场漂亮的胜仗。

跨界营销不局限于家具行业、电子行业，很多商家都有跨界营销的经历。以大型连锁超市发家的沃尔玛，在音响产品销售上不容小觑，甚至占据了全美近20%的市场。服装行业的某些知名品牌如阿玛尼、古驰等，不仅在服装业风生水起，还在休闲、酒店、设计等领域也有了一定的建树。尤其在服装领域，跨界营销事件比比皆是。

在较为发达的一线城市，很多著名服装品牌已经将传统的服装店经营模式和咖啡馆、休闲吧等融合在一起，商店内不仅有传统的服装销售区，还开辟了专门的咖啡吧。顾客们可以在购物的间隙，在咖啡吧喝咖啡、下午茶，或者是随意翻看商家提供的杂志，在购物的同时，享受一站式精品服务。还有的商家更是独具匠心地将植物销售引进服装店，顾客可以在这里购买植物，或者亲手种植绿植，甚至可以自己动手去体验缝纫的乐趣。不得不说，在跨界营销上，国外与国内相比，经营模式更加娴熟。如日本的优衣库把星巴克引进了位于纽约的优衣库旗舰店内，你可以看到有些顾客在寻觅自己喜欢的衣服，而有些客户则悠然地在休息区内喝着咖啡，这不得不说是一件很有意思的事情。

这样不仅会带来跨界商品的双赢，更在一定程度上带动了经济的发展。无论服装品牌商怎样在提供的服务模式上大做文章，其根本目的还是为了营销二字。

情境案例

某裤装店铺内，一名女士正在试穿一条牛仔裤，女士看着镜中的裤子，似乎有些不太满意。导购小姐立马上前询问："您好，女士，请问有什么可以帮您的？"

女士说道："我觉得这条裤子的款式我还是很喜欢的，但是我觉得这条裤子上少点什么，若是有腰带来点缀一下，我想这条裤子就很完美了。"

"哦，是这样的，我们店铺内是专营裤装的，腰带是不用来销售的。"导购小姐回答道。

"这样的话，那我再去别家看一看吧。"女士说着便走入试衣间，几分钟后放下商品径直走出店门。

错误行为

● 随着社会的不断发展与进步，人们的审美观念也在不断发展，越来越多的消费者更加注重穿着的整体搭配。所以威尔浪建议商家在销售的同时，可以同时销售些搭配品，如卖裤子的商店可以考虑附带销售腰带、鞋子等搭配品。单一产品的独立销售已经不符合当今经济发展的规律，跨界营销的时代早已到来。

威尔浪经验分享

跨界合作的根本目的是为了让自己在完全不相干的产业里继续绽放光彩，跨界并非产品的简单嫁接，而是在对自己的产品深刻理解之后，立足于目标消费群，对品牌核心的拓展与包容。随着经济的不断发展，行业与行业之间相互渗透越来越广泛，跨界合作变得司空见惯。下面我们为商家介绍几种较为常见的跨界营销模式。

1.“混搭式”自助体验

说起混搭，我们想到的往往是品牌与品牌之间的混搭，如某奢侈品牌服饰与平价服饰进行自由组合，形成自己独特的风格，抑或将商务服饰与休闲服饰进行混搭。其实混搭是需要技巧的，若是混搭得当，自然时尚感十足，风格鲜明；若是搭配不当，不仅不能锦上添花，还会事倍功半，为了避免这种现象的发生，韩国一家设计品牌从一开始就进行自主混搭设计模式，设计师在设计新产品的同时，也为客户准备好相应的搭配品。每一件衣服消费者都可以自主搭配，又能保证在搭配上不出错，这样的设计定然是会受到消费者青睐的。

2. 科技与服装业的混搭

目前社会已经进入到“电子大时代”，科技已经融入到社会的各个领域，服装行业也是如此。如全球知名品牌 Prada 的部分全球旗舰店里，设计者们在每件衣服上设计了相应的 rfid（射频识别）。当顾客拿衣服进行试穿时，rfid 会自动被识别，试衣间内的屏幕上会自动出现模特试穿这件衣服走秀的视频，这样消费者在观看视频的同时，在潜意识里美化了衣服。同时，rfid 还具备记忆功能，可以自动记忆生成衣服的试穿次数。商家可以对 rfid 上的数据进行分析，若一件衣服试穿次数低、销量低就可以考虑下架；若试穿次数较高而销量低，这可能是营销上的问题，在营销策略上就要有所改变了。

第七章

得品牌者得天下

——威尔浪竞争力助你开启财富之门

一路走来，威尔浪坚持品质原则

很多时候，一个著名的品牌产品与一个杂牌产品放在一起，我们潜意识里就会认为品牌产品的质量要远远高于非品牌产品，这就是品牌带来的巨大效应。威尔浪一路走来，靠的正是其良好的品质保障与品牌效应。

对于导购员来说，良好的品质保障是自信销售的来源。很难想象一个导购员面对残次品，如何进行滔滔不绝的讲解。只有产品的质量过关，才能从根本上对消费者负责。这一点，威尔浪从未改变。从服装小品牌发展到如今连锁性质的国际性大品牌，威尔浪这一路走得很稳很踏实。

因为专业，所以专注

随着经济的不断发展，人们的品牌意识越来越强烈。品牌服装、品牌手袋、品牌化妆品、品牌鞋子等，越来越多的人倾倒于品牌的魅力。中国服装市场已经从原来分散无序的状况，发展为各大品牌圈地占据市场的状况，服装销售正朝着有序、高档的方向发展。威尔浪能在激烈的服装市场竞争中脱颖而出，靠的正是这种专业专注的精神。

早在20年前，威尔浪的董事长刘雨恩就慧眼独具地看到了精品裤装下隐藏的无限商机。如今正值20周年，威尔浪已由原来的小公司发展成旗下拥有数百家加盟店的裤业先锋。当年的年轻小伙，如今已是成熟稳重的中年男子。时间见证了威尔浪的发展，看着逐渐壮大的威尔浪，刘总的脸上洋溢着欣慰的笑容。

“我们只做品牌，”刘总如是说，“良好的品牌效应是威尔浪发展到今天的法宝。”

面对满载的荣誉，刘雨恩自信满满地说：“我们坚信，我们所做的这一切，一定会让顾客看到我们的诚意，威尔浪的品牌形象和顾客的满意度将会大幅度的提升。”

品质：基于本色与追求

一条裤子看似简单，对于威尔浪来说，其间却经历了上百道工序。尤其是在裤型的设计上，威尔浪更是下足了功夫。威尔浪为了设计出穿着舒适的裤子，进行了大量的市场调研工作，其中仅人体的曲线资料和舒适度资料的数据就达到了50万条。威尔浪设计部的负责人解释道：“中国男性的体态每年都在改变，最为突出的特征便是腰围越来越大，但是臀围的变化却不是很大。因此，设计部每年采集大量的数据信息，进行精准的设计定位，致力于设计出让消费者感觉舒适满意的版型，在要求审美的同时注重舒适度。”

有了这样的设计理念，威尔浪在设计上更是铆足了劲儿，从创业初期到2015年这20年间，威尔浪总共设计出了20000种不同款式、版型的裤子，其中包括商务牛仔裤、休闲裤，以及高端的高尔夫系列，平均下来每年设计的产品达到1200款。如此宏大的设计量，正是由威尔浪精益求精的态度所决定的。

威尔浪设计出的每一条裤子都经过严格的审美检测与品质检测，一条裤子经过128道工序制作出来后，还要经过层层的质检工作，由专业人员体验其舒适度并进行大量的形态测试。同时还要通过严格的关卡进行质量的检测，包括专检、复检、总检等三道严格的工序。虽然威尔浪每年设计达1200款版型的裤装，但是真正推向市场的产品却只有200多款，如此高的淘汰率，保证了推向市场的裤装的高品质。

有了如此完善的生产链，威尔浪在出厂的裤子上精益求精，努力做到百分百的合格率，成为其塑造品牌影响力的根基。以质创天下、以质行天下，威尔浪的设计师在设计风格、设计系统、设计面料上继续积极地探索着，从西裤专家到领跑整个男装裤业，威尔浪一直努力扬帆前进着。

积极打造品牌的创新与特色

任何行业如果只是照搬旧的模式，毫无创新与特色，很容易就会在激烈的市场竞争中被淘汰。威尔浪的董事长刘雨恩看到了这一点，从企业创业初期，创新的模式就在威尔浪深深扎根了。

中国男装行业的发展，基本上是从学习西方男装开始的，无论是西服、西装还是西式的衬衣，很多都是沿袭国外的标准。威尔浪在创业初期也是如此，但是在学习的同时，威尔浪把自己的想法与设计融进去，努力打造适合国人的裤子，致力于形成自己的裤业标准。

经过 20 年的发展，威尔浪形成了独特的西裤标准。威尔浪在不断的发展中形成了颇具规模的设计部、质检部、标准部等，威尔浪渐渐成为中国西装裤业的导航者。同时，威尔浪研发部门还设计出独具特色的西裤缝制模具，改变了传统手工模式，大大地提高了西裤的成品效率，不仅对威尔浪，对整个裤装领域都是一个巨大的创新。

关于裤子，威尔浪有自己独特的定义标准，那便是“舒型”。所谓的“舒”是指穿起来舒适服帖，“型”是指在外观上看起来时尚，可以将男士彬彬有礼的气质体现出来。这两点很多企业都难以兼顾，而威尔浪做到了舒适与完美裁剪的高度融合。

要想穿起来舒适，在面料的选择上就不能马虎。威尔浪西裤在选材上引进澳洲羊毛、羊绒、驼绒等有机面料，让肌肤与面料接触时尽可能地感到舒适爽滑，单单摸起来也会有丝滑的质感。伴随着人们环保意识的增强，人们更加注重选择环保的面料。威尔浪用两年的时间成立了自己的实验室，对西装面料进行严格的掌控，确保对人体 100% 无危害。实验室专门对威尔浪的面料进行抗柔抗皱检测，从零下 8℃到 160℃高温，无论在怎样的温度下，穿起来都很舒适。

而要想时尚有型，在裁剪上就要多下功夫。威尔浪采用独特的 45° 倾斜裁剪的方法，设计出可伸缩的腰围，具有鲜明的中国特色，在中国裤业发展史上成为不得不书写的一笔。威尔浪为了保证裁剪的完美，在裁剪上谨遵人体工程学的黄金比例，在细节处理上毫不马虎。威尔浪在口袋设计上采用透气的棉布，细节上仍然遵循精细的手工缝制模式，打造独特的专属版型。同时，威尔浪借助西方工业文明的成果，引进日本全自动智能吊挂系统，同时引进自动裁剪设备，裁剪更加完美，大大提高了工作效率，也更好地将威尔浪推向了世界。

优质产品是消费者选购的前提与标准，产品质量100%合格是走向国家品牌的先决条件，单品品牌产品优势是通向国家品牌的必然之路。威尔浪凭借独特的优势，一跃成为中国裤业的领头羊，威尔浪品牌也逐渐家喻户晓。

威尔浪：以专业专注成就您的财富之路

任何一个企业家都希望自己的企业基业长青，任何一个操盘手都希望自己所操盘的项目能走向辉煌。成功的因素有很多，而专业专注则是必不可少的一项。

走在大街小巷，随处可见威尔浪裤业。这个屹立 20 年不倒的品牌，凭借其独特的经营创新模式在服装界异军突起，如今看来更像是一个传奇。

品牌加盟，以专业著称

一个店铺要想在激烈的竞争中长足发展，没有良好的营销模式与品牌影响力很难成功。而借助品牌加盟的优势，可以轻松做到这一点。目前威尔浪旗下拥有上百家加盟店铺，为加盟商提供精准的扶持政策，从前期的店铺选址到业务培训和后期管理，让加盟商完全没有后顾之忧。

对此，威尔浪市场部负责人做了详尽的解释："我们要不断地加强品牌的完善性，打造独一无二的裤业品牌，让时尚、舒适的理念深入到生活的各个角落。我们要让消费者体会到我们的专业与用心，在细节与服务上更要下足功夫。对于加盟商，我们会针对店铺的特色，认真分析，提供经营阶段的训练，开办主题式的教育讲座，协助加盟店长了解最新的裤业讯息。对加盟店铺进行官方授权，让他们的产品可以第一时间出现在公司的网站上。不断深化与加盟店铺的合作关系，让威尔浪成为促进加盟商良好交流的一个平台。消费者登录我们的官方网站或者旗舰店，会看到我们最新的设计款式。我们还入驻天猫商城等一站式选购平台，尽量满足消费者的要求。与此同时，威尔浪品牌店还提供专业的管理咨询辅导，方便合作者了解经营技巧，降低开店的风险。这些想法传达给合作者之后，立刻就得到了各地加盟商的支持。"

威尔浪和它的加盟商们，以劲爆的方式最大限度地为消费者打造史上最完美的消费盛宴。威尔浪作为世界领先的裤业运营商，除了在既有的商圈进行深耕细作之外，还不断地向国内外进行延伸，加强官方授权模式，开启合作经营策略，鼓励合作经营者扩大合作的规模，获取更高的利润，以推动整个裤业的飞速发展。

威尔浪最大限度地为消费者打造史上最完美的品牌大疯惠，如此大动作地进行品牌授权开展活动，最终目的无非是要加强威尔浪这一裤装品牌的规范化、合法化与品牌化，提高其活动的含金量。

威尔浪在具备如此强大的销售能力的同时，还创办了宣传网站，提供强劲的宣传平台。强大的媒体资源为合作商提供最佳的产品文化传播和企业导购服务，这一优势与官方授权模式结合之后，形成独具特色的营销模式。

高效专业营销团队铸造坚实品牌

很多去过威尔浪门店的消费者都会对威尔浪焕然一新的男装系列风格印象深刻。由于店内导购员具备较高的素养，客户试穿满意率极高，这跟威尔浪优秀的团队与企业文化有着密不可分的关系。

威尔浪对外着重宣传“向世界传递美丽与尊贵”的企业理念，人们试穿时能够感受威尔浪裤装带给他们的自信、舒适与尊贵！而良好的企业文化氛围，更能将整个威尔浪团队凝聚在一起。

很多服装门店常常抱怨自己留不住人才。其实，人才的流失从根本上反映出企业管理的失衡，也就是企业文化的失衡。针对如何留住人才，威尔浪在此为广大企业支招：

1. 加强团队的凝聚力

对企业来说，加强团队凝聚力极其重要，它让员工有归属感。对于威尔浪来说，企业的管理者常常与一线工作人员一起讨论企业的发展，让企业的利益与员工的利益紧密地结合在一起。作为企业管理者，要把店铺的发展目标写入企业文化中，让员工融入到整个集体文化当中，具备强烈的责任感与归属感，这样才不会轻易跳槽。当团队出现问题时，在共同目标的凝聚作用下，所有威尔浪员工竭尽智慧，想办法分析问题、解决问题，与团队荣辱与共，共同进退。

2. 具备高效的执行能力

企业要想取得成功，高效的执行能力是必不可少的。这就要求每位员工明确自己的职责，了解工作的内容，清楚地知道成功与失败带给团队的正面与负面影响分别是什么。威尔浪员工在入职前，HR经理会清楚地把职责与工作内容告诉应聘者，员工入职当天发放的工作手册中写明了具体的工作内容。员工了解了自己的职责后，工作起来往往思路清晰。高效的执行力是企业在市场激烈竞争中制胜的筹码。

3. 建立公平的竞争机制

对于企业来说，良好的公平竞争机制，可以调动员工工作的积极性。没有竞争机制的企业，犹如一潭死水，员工们只能机械地完成任务，久而久之会造成企业效率低下；不公平的竞争机制，会使得员工逃避工作，耍心机寻找升迁的门路，久而久之会摧毁企业的制度，所以建立公平的竞争机制尤其重要。威尔浪在这方面做得很好，人人都可以通过努力升迁加薪。公平的竞争机制让每个人力争上游，极大地提高了工作的热情与积极性，使更多德才兼备的优秀人才脱颖而出。

随着威尔浪的不断发展，其良好的品牌经营理念已经深入人心。伴随着中国裤业逐步走向成熟化、规范化与品牌化，威尔浪的发展焦点也在慢慢进行转变。从原来的加强产品经营到现在的官方授权等，威尔浪不断地凭借自己独特的优势，联合旗下的加盟店铺，朝着品牌裤装的方向继续扬帆起航。

参考文献

[1] 欧阳海淼．店长应该这样当：最旺服装店轻松赢利五大关键（升级版）[M]. 北京：机械工业出版社，2014.

[2] 王同．顶尖导购这样做 [M]. 北京：北京大学出版社，2011.

[3] 阿福先生．好陈列胜过好导购 [M]. 北京：北京大学出版社，2012.

[4] 王婧怡．服装营销赚钱秘诀 [M]. 北京：中国时代经济出版社，2014.

[5] 马刚，韩燕．渠道制胜——服装营销渠道管理 [M]. 北京：中国纺织出版社，2008.

[6] 王建四．导购这样说才对 [M]. 北京：北京大学出版社，2012.

[7] 李昊轩．做最好的导购 [M]. 北京：中国商业出版社，2013.

[8] 李坤恒．服装导购读心术 [M]. 北京：北京大学出版社，2013.

[9] 杨大筠．卖服装就是卖服务：令顾客无法拒绝的销售术 [M]. 广州：广东旅游出版社，2014.

[10] 文义明．销售一定要懂得的心理学：金牌销售必备的 100 个心理营销策略 [M]. 北京：中国经济出版社，2011.

附录　裤装店经营管理工具包——业绩倍增的实用技巧

威尔浪店长晋级考核表

姓名		店铺		岗位		入职时间	
项目		考核标准				分数	得分
业绩	店铺指标达成情况	计算半年内店铺的业绩情况，以及员工的表现，人才的培养				60	
行为表现	工作态度	对店铺的管理态度、发展态度以及负责态度				8	
	组织协调力	根据当前店铺所有员工的团队配合能力以及销售情况进行综合打分				7	
	仪容仪表	日常仪容仪表				3	
专业知识	商品知识	对店铺所有商品知识的认知程度				10	
	店铺制度	店铺制度的了解程度，完善程度				2	
岗位技能	店铺形象	店铺形象（陈列搭配、人员着装、宣传广告等）维护情况				2	
	人员培养	人员培养能力，基层岗位是否有符合岗位要求的员工任职，各岗位是否有储备人员				4	
考勤	日常考勤	每月考勤情况				4	

裤装店日常工作流程表

威尔浪专卖店营业前准备工作流程	
仪容仪表整理	1. 当班工作人员必须提前半小时入店，并进行签到 2. 工装干净、整洁，不起皱；鞋子要同制服相配 3. 化妆要配合工装，不可浓妆 4. 不能佩戴过多首饰；头发不要染得过于夸张 5. 不准留过长的指甲，不准涂过于抢眼的指甲油 6. 根据店长的安排打扫区域的卫生及整理货架 7. 要调节好心态，保持最佳状态，以轻松的心情准备一天的工作 8. 准备晨会
晨会	1. 朗读威尔浪企业文化 2. 前一天的销售业绩以及重要信息总结思考 3. 明确当日销售目标和工作重点 4. 店长安排好当日各项工作 5. 朗读常用礼貌用语
商品检查	1. 清点店铺产品，核对数目，如有问题及时检查前一日工作记录进行核对 2. 检查商品标签，样品品质 3. 畅销品补充，对款式品种畅销的或者货架上出样数量不足的产品，要尽快补充
工具检查	对商品宣传彩页、计算机、发票、笔、剪刀等工具进行检查

续　表

清理卫生	1. 通道、货架、橱窗等无杂物，无灰尘 2. 试衣间整洁：地面、墙壁、镜子、椅子、拖鞋、挂钩等 3. 店铺门前卫生打扫
准备开业	各项准备工作完成后进行统一检查，开门营业

威尔浪专卖店营业过程中工作流程	
营业期间裤装店营业规则与流程	1. 严格按公司规定的服务标准接待顾客，对进出顾客使用对应的礼貌用语 2. 主动向顾客介绍推销公司的商品 3. 保管好店铺的货品及财物 4. 及时发现空缺商品，及时补货 5. 为顾客推荐合适商品 6. 协助顾客交款 7. 注意铺面清洁及陈列货品的整齐情况，发现错误、拉乱的货品应及时整理归类 8. 运用所学的销售技巧，掌握顾客的消费心理 9. 与顾客交谈中，收集有关的反馈信息，优化服务 10. 对销售技能多加练习，熟记货号、价格、陈列位置、折叠包装衣服的技巧等 11. 整理单据、报表，核对商品数量等
营销规则	1. 及时向顾客做好介绍与宣传 2. 促销商品的摆放醒目，促销价格标牌的摆放醒目 3. 学习把握顾客消费心理的技巧，进行巧妙营销
客户投诉处理	1. 端正自己的心态，认真听取投诉情况 2. 无论如何不与顾客进行激烈争论，耐心解释 3. 不要轻意向顾客做出承诺 4. 在不损害店铺利益的前提下最大化满足客户

威尔浪专卖店营业后工作流程	
清点商品	根据产品数量的销售记录，清点当日产品销售数量与余数，同时填写产品销售情况记录表
结账	核对产品销售报表与财务报表，确保货物、账单相符合
及时补充商品	在清点产品的同时，对数量不足的商品，以及极为畅销的商品进行补充，如出现缺货及时联系送货部门进行调配
整理商品，整顿店铺	清点、检查商品及同时要进行商品整理与环境卫生打扫，减轻第二日早晨工作压力
确保商品安全	票据、凭证、印章等重要之物，都入柜上锁。 检查店铺各安全隐患因素，如是否断电，门窗安全程度如何，是否容易发生火灾，等等

致加盟商朋友的一封信

尊敬的与“威尔浪”品牌有缘的朋友们：

你们好！

随着国家宏观经济的调整、GDP 增速的放缓、网络销售的异军突起、新一届国家领导班子反腐倡廉力度的空前加大，服装行业整体运营大规模扩张的黄金周期暂告一段落，销售趋于平稳，迎来了新一轮的市场调整期。

是困难，也是机遇；逆势而上，才能抢占先机。如果以变应变、创新模式，就能在竞争更加激烈的“战场”上立于不败之地。

为了帮助加盟商朋友降低运营风险，集中精力一门心思搞销售，把劲儿全部用在市场上，用在产生效益的地方，威尔浪公司审时度势，制定了一种高默契度、高支持度的加盟合作新模式。

下面就威尔浪加盟政策与您共同分享：

威尔浪加盟政策一览表及政策说明

1	2	3	4	5	6	7	8	9	10	11	12
折扣	订货任务	预付款	有质量问题货品（售前）	库存	所需资金	物流费用	门店零售管理	日常经营管理	资金周转	行销支持	风险控制
4.6	无任务	无	公司处理	无	适量一次投入	公司承担到地区间的往返长途运费	ERP系统	督导经常性巡店	快	有	公司风险巨大

一、货品供应支持

（一）无订货任务

威尔浪加盟商朋友不用为完不成订货任务而发愁。

（二）货品属威尔浪公司所有，实行 100% 退货、换货

1. 进货押金一次投入

依据加盟店铺正常安全铺货量单独核定，一次到位。此进货押金于合同期满，所有经济清算、交割结束后，无息退还。

无须支付预订金及日常补货货款，省去了大家经常计算、筹集货款的麻烦。

2. 订货后路无忧

（1）订货会订货时，威尔浪公司专业人员会同加盟商共同在进货押金内综合考虑各种因素核定。

如有些订货任务，大家怕货品积压，所以订货时会瞻前顾后、畏首畏尾，尤其不敢尝试时尚款、拳头款货品。如果货是威尔浪公司的，可免去一切顾虑，整盘货的款式包括时尚款、拳头款货品都可放开手脚订。货品的极大丰富，就等于给了加盟商朋友经营无限货品的资源。丰富的货品使得顾客只要进店，总会选择到一款适合他的裤装，大大提升了店铺的成交率。

（2）正常订货后，由威尔浪公司专业人员本着全市场一盘货的原则，根据货品销售、库存、生产能力的分析，会同加盟商朋友共同及时进行补货、调换货、退货（含质量问题货品）等操作，实现了货品源源不断的供应。

（3）使加盟商朋友真正实现了“零库存、零积压”的理想库存状态。我们知道，库存是服装行业最大的敌人，这样一来，库存压力由威尔浪公司全部承担了，既减轻了加盟商朋友由于逐年增加的库存所带来的资金压力，又杜绝了处理旧库存带来的利润、时间、精力损失，还杜绝了因处理旧库存对正品销售市场的冲击。

二、物流调度支持

此模式有着小批量、快流通的特点，故而物流费用特别大。威尔浪公司承担到加盟商地区间的往返长途运费，这大幅降低了加盟商朋友的运费负担。

三、运营服务支持

（一）专业的货品调度团队，为大家保驾护航

威尔浪公司由专业的团队专人、专项进行货品调整分析，为加盟商朋友保驾护航。

（二）店铺运营全程培训支持

威尔浪公司由专业的团队，对加盟商朋友日常店铺运营实行常态化、全程终端（店面、货品、人员）化培训服务。只有标准化，才能快速复制，否则100个加盟店，就会有100个样儿，效果可想而知。

（三）宣传投放支持

威尔浪公司根据加盟市场地域特点、消费习惯、收入状况、销售状况，由专业团队提供行销、宣传方案等服务的全程策划、实施指导及投放支持。

（四）门店零售信息化支持

信息就是生产力，信息就是销售量，充分、快捷、准确的信息支持和分析是科学决策的依据。威尔浪公司将协助加盟商朋友建立统一的门店终端信息软件系统，并由专业的团队进行技术支持，以便更好地为您终端的销售和管理服务。

四、结算价为吊牌价的 4.6 折

从以上加盟政策中对加盟商朋友的支持不难看出，威尔浪公司在人力、物力、财力方面的付出是巨大的，承担的库存商品沉淀风险也是巨大的，体现了足够的合作诚意。

五、及时与威尔浪公司结算

因货品属威尔浪公司所有，故每天的销货款需及时汇回威尔浪公司。

六、店面要求

店商专卖店要选在当地服装类繁华商业区，面积不低于 35 平方米；商场店要选在当地中高端消费商场，商场专厅、中岛面积 30 ～ 80 平方米。

您只需：

1. 把店开到当地服装销售最好的位置；

2. 把店整改得漂漂亮亮的（店面形象统一、有档次）；

3. 把人员管理好，培养销售能手。

威尔浪品牌的繁荣与发展离不开每一位加盟商的努力，威尔浪公司本着“办一流企业、出一流产品、创一流效益”的经营宗旨来实现企业的稳步发展。相信您的加入，会使威尔浪品牌走得更远，走得更久！只要我们能够共同树立公司与加盟商共赢的信念，相信在威尔浪发展的同时，您所追求的也就轻而易举地实现了。

期待着与您“有缘千里来相会”，期待着与您共同携手合作，期待着成就我们共同的品牌——威尔浪！

内蒙古威尔浪服装有限责任公司

加盟热线：4007216688

威尔浪裤业上海招商办咨询热线：021-51213225　13816981508

传真：021-51211252

读书笔记

读书笔记

读书笔记